Helge Timmerberg
Lecko mio

»Fast siebzig Sommer liegen hinter mir, und wenn dieser hier der letzte wär, was würde ich dann tun? Ohne akute Schmerzen zum Zahnarzt gehen? Nein. Das Buch weiterschreiben? Ja. Aber nur zum Spaß. Und was ist mit der Zukunft und all ihren Belangen? Geld, Gesundheit, Beziehungsstatus? Würde ich in meinem letzten Sommer noch heiraten? Warum nicht, wenns keine Umstände macht. Kinder zeugen? Auch das, wenns noch klappt. Muss aber nicht sein, wirklich nicht. Es ist interessant zu beobachten, was passiert, wenn man die Gedanken an morgen nicht mehr akzeptiert.«

Helge Timmerberg, geboren 1952 im hessischen Dorfitter, ist Journalist und schreibt Reisereportagen aus aller Welt. Er veröffentlicht in der *Süddeutschen Zeitung*, der *Zeit*, *Allegra*, *Stern*, *Spiegel*, *Playboy* u.a. und ist Autor der Bücher »Im Palast der gläsernen Schwäne«, »Tiger fressen keine Yogis«, »Das Haus der sprechenden Tiere«, »Shiva-Moon«, »In 80 Tagen um die Welt«, »Der Jesus vom Sexshop« und »African Queen«. Bei Malik und Piper erschienen u. a. »Die Märchentante, der Sultan, mein Harem und ich«, seine Autobiografie, der SPIEGEL-Bestseller »Die rote Olivetti«, und die Reisestorys »Die Straßen der Lebenden«.

Helge Timmerberg

LECKO MIO

SIEBZIG WERDEN

PIPER

Mehr über unsere Autorinnen, Autoren und Bücher:
www.piper.de

Von Helge Timmerberg liegen im Piper Verlag vor:
Der Palast der gläsernen Schwäne
Die Märchentante, der Sultan, mein Harem und ich
Die rote Olivetti
Die Straßen der Lebenden
Das Mantra gegen die Angst oder Ready for everything
Reinhold Würth
Lecko mio

Inhalte fremder Webseiten, auf die in diesem Buch hingewiesen
wird, macht sich der Verlag nicht zu eigen und übernimmt dafür
keine Haftung.

Ungekürzte Taschenbuchausgabe
ISBN 978-3-492-31945-4
Mai 2023
© Piper Verlag GmbH, München 2022
Umschlaggestaltung: Büro Jorge Schmidt, München
Umschlagmotiv: Gerhard Kummer
Satz: Fotosatz Amann, Memmingen
Gesetzt aus der Palationa Linotype
Litho: Lorenz & Zeller, Inning am Ammersee
Gedruckt von ScandBook in Litauen
Printed in the EU

Für Dr. dent. Konrad Jacobs und Gattin

INHALT

1. KAPITEL
Bauch, Beine, Po 9

2. KAPITEL
Alkohol, Drogen, Medikamente 19

3. KAPITEL
Die letzten Zähne *oder*
Über wie viel Brücken muss das gehen? 32

4. KAPITEL
Traue keinem unter dreißig 44

5. KAPITEL
In Würde reisen 51

6. KAPITEL
Mit Bart 66

7. KAPITEL
Ohne Eltern 72

8. KAPITEL
Unmodern 83

9. KAPITEL
Gibt es einen Gott? 88

10. KAPITEL
Lieber Tod als Altenheim 91

11. KAPITEL

Nieder mit der Gleitsichtbrille!   102

12. KAPITEL

Ohne Kraft, ohne Putzfrau, ohne Worte   108

13. KAPITEL

Meine blutjungen, rattenscharfen und
bildschönen Facebook-Freundinnen   117

14. KAPITEL

Das Theater mit den Schuldgefühlen   126

15. KAPITEL

Mein letzter Sommer?   130

16. KAPITEL

Don't panic early *oder* Die letzten Zähne, 2. Teil   135

17. KAPITEL

Eine Woche nicht rauchen nach
fünfzig Jahren Kette   147

18. KAPITEL

Die Synchron-Ausdünnung von
Testosteron und Ehrgeiz   157

19. KAPITEL

Oxytocin *oder* Altersschwul?   161

20. KAPITEL

Friede sei mit mir oder Das Theater mit den
Schuldgefühlen, 2. Teil   167

21. KAPITEL

Friede sei mit dir   174

22. KAPITEL

Und wie wird das Wetter? *oder* Gelateria Fantasia   181

1. KAPITEL

Bauch, Beine, Po

Ich hatte mal einen Bauch in Afrika. Aber auch in Asien, den USA und Lateinamerika schleppte ich ihn wie einen Rucksack mit, nur halt nicht abschnallbar. Obwohl er nicht weniger wog. Zwanzig Kilo zu viel, was ästhetisch noch vertretbar ist, wenn sich das Fett gleichmäßig am ganzen Körper dicke macht. Aber das tat es nicht. Es konzentrierte sich nur auf meine Mitte. Wie ein Wasserball mit Bauchnabel sah es aus. Oder wie schwanger im neunten Monat. Doch nie kam ein Kind heraus, wer hätte das gedacht?

Frauen lügen übrigens wie gedruckt, wenn sie sagen, das Aussehen eines Mannes interessiere sie nicht. Seine Persönlichkeit sei für sie das Ding, seine Intelligenz, sein Humor. Es mag ja sein, dass ihnen ein Dicker, der sie zum Lachen bringt, lieber ist als ein dünner Trauerkloß. Aber nicht im Bett. Denn da lacht man nicht. Und wozu brauchen Orgasmen einen IQ? Auch der stört da nur. Je höher der IQ, desto komplizierter pudert er. Früher hätte ich »fickt er« geschrieben, aber mit siebzig liegt mir die Wiener Mundart mehr. Pudern und Charisma? Nun ja …

Ich hatte mal einen Bauch im Himalaja. Ein Wandermönch, der ihn im Vorbeiwandern sah, riet mir zu einem Fastentag pro Woche. Ich erschrak. Aber so schlimm war es nicht. Ich durfte zwar nichts essen, aber so viel Wasser trinken, wie ich wollte, und das nahm mir das Hungergefühl. Kaffee und Zigaretten waren auch erlaubt, Sex keineswegs. Ich praktizierte das viele Jahre lang, und es half mir mental und spirituell, aber dem Bauch half es eigentlich nicht. Immer schien er mir am nächsten Tag ein bisschen kleiner zu sein und am darauffolgenden wieder ein bisschen größer. War das der Jo-Yogi-Effekt? Trotzdem gewöhnte ich mich an die Diät, wegen der klaren Gedanken und des klaren Urins. Ein Tag der Reinigung, ein Tag der Willensstärke, ein Tag für den Buddha-Bauch. In den restlichen sechs Tagen aß ich, was ich wollte, bis hin zum griechischen Joghurt. Zehn Prozent Fett, fünfzehn Prozent, ich fand sogar mal einen mit zwanzig Prozent. Der Joghurt-Zeitgeist schlug die Hände über dem Kopf zusammen, und ich erklärte ihm mein System. Nur einmal am Tag und nur ein bisschen. Lieber wenig, aber voll im Geschmack, als viel von der vollen Geschmacklosigkeit. Das System hatte zwei Sollbruchstellen. Die erste war die neurologische. Sobald ich einen Löffel Griechenjoghurt intus hatte, wollte irgendeine Fehlschaltung in meinem Gehirn den nächsten, und ab dem dritten Löffel brachen alle Schranken. Auch setzten große Teile des Bewusstseins aus. Und die Erinnerung, was da geschehen war, vom dritten bis zum letzten Löffel, war dann ebenfalls einfach weg. Die zweite Sollbruchstelle meines »Ich kann mit Griechenjoghurt umgehen«-Systems lauerte im Supermarkt. Ich kaufte ihn natürlich in der kostensparenden Großpackung, das sind diese kleinen Eimerchen.

Ich hatte mal einen Bauch in Berlin. Und nahm ihn mit auf die Bühne. Da greift natürlich die Routine. Das superweite Hemd über der Hose machte mich zwar noch nicht zu einem heimlichen Dicken, aber wenn man schnell an den Lesetisch kommt, und das geht fast immer, wird der Bühnenbauch von einem schwarzen Tuch verdeckt, das von der äußeren Tischkante bis zum Boden fallen muss. Das verlangt mein Agent von den Veranstaltern. Aber auch dieses System hatte zwei Sollbruchstellen. Die erste: Schauspieler wären gerne Schriftsteller, und die wären gerne Rockstars. Und weil sich Schriftsteller anscheinend alles erlauben können, singen sie auch manchmal. Außerdem: Der Gürtel ist der Feind des Atems, und die Hosenknöpfe sind die Verbündeten des Gürtels. Meine Lesungen sind eher lang, und irgendwann war da unten alles sperrangelweit offen, aber dem schwarzen Tuch sei Dank blieb das schön im Verborgenen, ich hätte onanieren können, und niemand hätte was gesehen. Erst als ich zur Gitarre greifen wollte, die ein bisschen abseits stand, musste ich aufstehen. Und die offene Hose hatte ich im Leserausch glatt vergessen. Was singt man da? »I'm too sexy for my underwear« oder doch nur »No woman, no cry«?

Ich hatte mal einen Bauch in St. Gallen und schleppte ihn wie einen Bierkasten die Treppen hoch. Die Treppen haben hundertdreiundsechzig Stufen, denn sie führen von der Altstadt zum Rosenberg hinauf, wo ich wohne. Ich hätte auch auf richtigen Straßen mit dem Auto fahren können oder mit dem Bus, aber ich hatte das treppenverseuchte »Dohlengässlein« zu meinem Fitness-Parcours erklärt. Mit zwanzig Kilo im Bauch und zweimal fünf Kilo in Einkaufstüten quälte ich mich täglich über hundertdreiundsechzig Stufen. Ein schöner Leidensweg, gesäumt von den Gärten hundertjähriger Jugendstilvillen und großen Bäumen, die ihr Blattwerk wie ein Dach über den Parcours legen. Vögel zwitschern im Dohlengässlein, Kinder spielen hinter den Büschen, und die Katzen zeigen, wo der Hammer hängt, wenn es um Stufen geht.

Ich war mittlerweile Realist. Ich arbeitete nicht mehr gegen den Bauch, sondern für ihn. Ich brauchte eine bessere Kondition, um ihn zu tragen. Das Dohlengässlein ohne Pausen zu schaffen, darum ging es zuerst. Dann darum, mich nicht mehr beim Treppensteigen am Geländer abzustützen. Und immer ging es um eine malerische Bank vor den letzten dreiunddreißig Stufen. Sie war vom Teufel da hingestellt.

Ein Freund, ein guter Freund, also das Wichtigste auf der Welt, gesellte sich eines Tages zu mir auf die Teufelsbank. Ich hatte ihn seit einem halben Jahr nicht mehr gesehen. Vorher war er dick, jetzt nicht mehr. »8/16«, sagte er. »Unheimlich einfach, total effektiv. Acht Stunden darfst du alles essen, sechzehn Stunden nichts. Und die Hälfte von den sechzehn Stunden schläfst du. Nennt sich Intervallfasten, das machen grad alle, von Jennifer Lopez bis Jesus Christus.«

»Bist du sicher?«

»Ja.«

Seitdem verlor der Teufel im Dohlengässlein sein Spiel. Aber auch der Teufel im Kühlschrank, und wenn in den kalten Jahreszeiten der Teufel als Scheißwetter daherkam, verlor er auch. 8/16 nahm mir nicht nur den Bauch, auch meine Routinekrankheiten in den kalten Jahreszeiten mussten abdanken. Zwei, drei fette Erkältungen bis hin zur Bronchitis gehörten zu meinen Wintern wie das Loch zu meinem Hintern, dazu meldete sich ganzjährig der Magen immer mal wieder schwer verstimmt. Auch damit ist es vorbei, weil Wissenschaft und Wille sich paarten. Wie heißt sie gleich? Endokrinologie. Die Lehre von Drüsen und Hormonen hat festgestellt, dass sich der Körper nach sechzehn Stunden Fasten zu ängstigen beginnt. Wird er verhungern? Wie immer und überall besteht auch bei ihm die Lösung darin, Überflüssiges abzubauen. Schlechte Zellen werden eingeschmolzen und aus ihren Bestandteilen neue geschaffen. Recycling ist ein relativ modernes Wort, aber das Prinzip ist so uralt wie die Evolution. Sie kümmert sich um die Ihren. Neue Zellen, das heißt neue Abwehrkräfte, heißt tipptopp Immunsystem, heißt Verlangsamung des Altersprozesses, gesund und länger jung, was will man mehr, ach ja, der Kernauftrag der Diät. Aber der Bauch gehört zu einer anderen Fakultät. Die Ernährungswissenschaft ist hier gefragt, die besagt, dass der Körper zwölf Stunden braucht, um die letzte Kalorienzufuhr vollständig abzubauen. Erst dann beginnt er auf die Fettreserven zurückzugreifen. Bei 8/16 tut er das zwar nur vier Stunden lang, aber das jeden Tag.

So viel zur Wissenschaft, nun muss der Wille ran. Aber weniger als befürchtet. 8/16 hats mir leicht gemacht. Es passte sich perfekt meinem Lebensstil an. Ich lebe gern, wenn das Gute schläft und das Böse wacht, und damit mir die Nacht nicht durch Hunger versaut wird, nahm ich die letzte Mahlzeit erst um 22 Uhr zu mir. Das hielt mich vier bis sechs Stunden satt, und gehungert habe ich dann im Schlaf. Frühstücken durfte ich zwar am nächsten Tag erst wieder um 14 Uhr, aber wo ist das Problem, wenn man nicht vor Mittag aufwacht? Ich sehe keins. Nur eins. Man nennt es den Kiffer-Fresstrip. Er ist nicht hungergesteuert, dem gehts um was anderes. Um Liebe, Lust, und Leidenschaft via Geschmackssinn. Haschisch ist die klassische Einstiegsdroge für Ritter Sport Vollmilch-Trauben-Nuss, aber auch für späte Käsebrote und Studentenfutter. Darauf zu verzichten war der einzige Verdruss in den 8/16-Nächten. Dem zu widerstehen dagegen war ein triumphales Gefühl in kleinen Schritten. Um es kurz zu machen: Ich bin ein Schreiber. Ich arbeite mit Worten, und es gibt durchaus welche, die ich nicht mag – nur ich, andere mögen sie. Und das gilt auch für abgegriffene Sprachbilder, es sei denn, ich kann spielerisch mit ihnen umgehen und sie für andere Themenfelder nutzen als gewohnt. Das »Die Pfunde purzeln«, zum Beispiel, mag ich nicht, wenn es um Diäten geht, aber ginge es um einen plötzlich verarmten Briten, fände ich »Die Pfunde purzeln« richtig witzig. Doch seis drum. Die Pfunde purzelten, die Spiegel verloren ihren Schrecken, schon nach zwei Monaten hatte ich mit 8/16 meinen Bauch fast und nach drei Monaten gänzlich verloren, und das fühlte sich im Dohlengässlein halt wie Treppensteigen ohne einen vollen Bierkasten an.

Ich hatte mal keinen Bauch im Jeansshop und kaufte eine Lewis 501 in den Maßen 32/34. Ich schlüpfte in die Hose wie in ein Roadmovie der guten Jahre, in denen es darum ging, auf fahrende Busse aufzuspringen, auf fahrende Züge, auf fahrende Frauen, aber auch auf Beifahrerinnen, also quasi auf alles, was fährt, damit es weitergeht, aber ich hatte auch mal keinen Arsch im Jeansshop, und damit riss der Film a bisserl. Das ist der Nachteil der Diät. Sie frisst nicht nur den Bauch, auch der Po schmeckt ihr, und was von ihm noch da ist, das hängt in Falten. Und was sagt die Verkäuferin dazu? Abhängen sollst du unter Palmen, aber nicht in der 501. Da wäre die Lewis 511 zu empfehlen. Nur die macht Knackärsche, wenn keine Knackärsche da sind. Das stimmt, aber ich darf mich natürlich auch fragen, welche Signale ich damit aussenden will. Die Botschaft der 511 ist »Fake Arsch«. Und der echt stramme Po macht mich auch nicht wirklich froh, denn was für Signale sind das? Ich war mal eine Zeit lang viel im Zoo. Stichwort: Pavianärsche. Strammer gehts nicht, man könnte schon geschwollen sagen, und je geschwollener sie waren, desto geiler war der Pavian. Der Mensch stammt vom Affen ab. Und die Signale des Knackarsches sind »Fick mich«. Will ich das mit siebzig? Das wollte ich nicht mal mit siebzehn. Außerdem waren die Falten am Arsch noch der geringste aller Kollateralschäden der Diät.

Ich hatte mal keinen Bauch und keinen Arsch am Baggerteich. Das war in Österreich, da sieht es in öffentlichen Badeanstalten folgendermaßen aus: Die Jungen sind körperbewusster und selbstoptimierender als die Deutschen, die Alten sind k. u. k. Hängebauchschweine. Schämt euch, ihr verfressenen Säcke, dachte ich still für mich im Vorbeigehen und genoss den Triumph, aber in der Nähe von Bikini-Mädchen kämpfte ich gegen alte Reflexe, denn wo kein Bauch mehr ist, muss man auch keinen mehr einziehen. Um das Dilemma am Hinterteil kümmerte sich meine knielange Badehose aus Thailand. Flipflops, Ray-Ban-Brille und ein lose übergeworfenes Hawaiihemd vervollständigten das Bild und die Botschaft. Rock 'n' Roll never dies.

Er starb auf dem Badetuch. Und zwar sogleich. Ich kniete dort auf allen vieren, um irgendeine Kleinigkeit zu suchen, und sah dabei auch unter mir her, und was ich da erblickte, hatte ich noch nie gesehen, seitdem ich wieder schlank war. Nicht im Stehen, nicht im Gehen, nicht im Sitzen, nicht im Liegen, auch nicht in der Seitenlage, nie. Erst als ich mich am Baggerteich in die Hundestellung begab, wurde offenbar, dass zwar der Bauch weg war, aber nicht die Haut, die ihn so lange fest umspannte. Die war noch da, und sie hatte enorm an Spannkraft verloren. Wie ein alter leerer Kartoffelsack hing sie an mir herab. Ich fand das ziemlich ekelhaft. Frauen, die schon mal ein Kind geboren haben, kennen das. Um sich mit mir zu vergleichen, müssten es allerdings Zwillinge gewesen sein. Und der Erkenntnisschock am Baggerteich in Österreich zündete dann die zweite Stufe des Selbstfindungsprogramms.

Dass ich Bauchmuskeln habe, wusste ich vom

Hörensagen. Gesehen hatte ich sie nie, nicht mal gefühlt, auch nicht gebraucht. Ich bin kein Reisbauer. Ich bin Reiseschriftsteller, die brauchen Muskeln am Oberarm, und die kriegen sie durchs Kofferschleppen. Früher kamen noch die mechanischen Reiseschreibmaschinen dazu, die waren irre schwer. Mein Laptop ist das nicht mehr, und mittlerweile gibt es auch Rollkoffer, trotzdem weiß ich noch, wie die Muckis am Arm ausgesehen und sich angefühlt haben. Von ihren Kumpels in meinem Bauch weiß ich erst, seitdem mir ein russischer Rentner-Coach eine Alternative zu den Sit-ups aufzeigte. Die mochte ich nie, die konnte ich nie, die habe ich nie durchgehalten. Aber was die alten Russen machen, das kann ich auch.

Rückenlage, Hände unter den Po, das schont die Bandscheibe. Und dann, davai, davai, die Beine hoch und wieder runter. Mit zehnmal fing ich an, mittlerweile bin ich bei zwanzigmal. Danach zwanzig Sekunden lang Luft-Radfahren, abgelöst durch zwanzig Sekunden Luft-Schwimmen und wieder Rückenlage. Jetzt aber nicht mit den Händen unterm Faltenarsch, die Arme liegen weit ausgestreckt hinterm Heldenköpfchen. Und schon schnappt das klassische Rentnerklappmesser zu: Beine hoch, und die Hände holen sich die Fußknöchel. Auch zwanzigmal. Und das Ganze dann noch mal von vorn für den zweiten Durchgang. Anfängerfehler. Man will es schnell hinter sich bringen und dabei möglichst wenig Schmerzen haben. Das Gegenteil ist richtig: Wenn die Beine langsam wieder runterkommen und dabei nicht den Boden berühren, sondern kurz darüber die Spannung halten, erst dann tut es weh, und statt darüber zu jammern und zu klagen, empfiehlt sich ein lustvolles Stöhnen, denn was da wehtut, ist das Neue in meinem Leben. Bauchmuskeln fressen Schmerzen. Sie wachsen an ihnen. Zehn Minuten, mehr nicht, aber das täglich, mit dem Ergebnis, dass ich mittlerweile einen inneren Gürtel trage.

Mittlerweile ist jetzt. Und hier. Und angesichts dieser Zeit- und Raum-Koordinaten sage ich: Scheiß drauf. Ich brauche keine Sixpacks, ich brauche Macht. Und wenn ich keine Macht über was anderes habe, dann brauche ich Macht über mich, und wenn ich keine Macht über mich habe, dann bleibt nur noch die Macht über meine Muskeln, meinen Bauch, meinen Tagesablauf. Disziplin ist Macht. Und sie ist die einzige, die nur ich mir nehmen kann.

2. KAPITEL

Alkohol, Drogen, Medikamente

Angelina Alkoholika (kurz: Angel Alk) ist meine Zweitfrau, die ich auch relativ spät kennenlernte. Verheiratet bin ich mit meiner Jugendliebe Maria Marihuana. Sie verstehen sich nicht sonderlich, darum hielt ich sie, so gut es ging, auseinander. Mittlerweile, ich weiß nicht warum, vertragen sie sich besser. Kotzen muss niemand mehr, trotzdem bleibt es ein unflotter Dreier, was an dem gegensätzlichen Temperament der beiden liegt. Unflott bis zum Opiat. Die eine ist intro-, die andere extrovertiert. Maria gräbt sich gern zu Hause ein, Angel macht lieber draußen einen drauf. Gemeinsam blockieren sie sich, und dabei kommt dann nichts heraus. Aber das Nichts ist nicht leer. Es ist randvoll mit einem Lebensgefühl, das der Ursuppe gleicht. Sie blubbert, sie brodelt, sie wirft Bläschen, aber nie braust sie auf, nicht mal aufstehen will man mehr, und das macht den Kombi-Rausch ideal für den Absacker nach einem langen Tag. Und ist nicht das Alter der Absacker nach einem langen Leben?

Wer möglichst unbehelligt bis zum bitteren Ende durchsacken will, ist mit dem unflotten Dreier gut bedient, aber Anti-Aging ist das nicht. Angel Alk macht mich alt. Alles an mir. Die Haare, die Haut, die Augen, die Leber, nichts lässt sie aus, auch nicht die Achselhöhlen und das Gehirn. Die Achselhöhlen stinken wie der Atem des Anus, das Gehirn gerinnt, als müsste es durch einen Abfluss. Doof, aber lustig, kaputt, aber man merkt es nicht, impotent, aber das enthemmt, all das macht Angel Alkoholika zu der Femme fatale in diesem Arrangement. Und Maria Marihuana ist all das nicht. Mehr noch. Sie ist das Gegenteil von alldem. Maria M. ist ein krasser Gesundheitsfreak, sie kümmert sich wie eine Mutter um das Immunsystem, sie füttert Zähne, Nägel und Frisuren, sie lindert Schmerzen, hemmt Entzündungen, entkrampft Magen und Darm, sie ist ein großer Appetitanreger, böse Zungen nennen es Fresstrip, sie ist ein kleines Aphrodisiakum, gute Zungen singen ein Lied davon, sie ist ein Therapeutikum gegen Krebs und Arteriosklerose, sie fördert das Knochenwachstum, entspannt Muskelkrämpfe, und sie ist eine der Schwestern des Sandmännchens. Ach ja, ich vergaß, man kann auch wundervoll mit ihr fernsehen. Egal was. Und warum gebe ich dann der anderen Braut nicht den Laufpass?

Weil Maria auch eine dunkle Seite hat. Die dunkle blaue Blume, oder war es die violette? Ich glaube, Hermann Hesse nannte so die Melancholie. Oder war es Novalis? Sorry, aber Maria vergisst auch viel. Und es ist ja auch egal, wer von den beiden Dichtern davor warnte, zu lange in der Betrachtung dieser Blume zu verweilen, denn Fakt ist, Melancholie macht traurig, schön traurig, klar, aber wenns blöd läuft, wird ne unschöne Traurigkeit daraus, und die nennt man zwar noch nicht Depression, aber depressive Anwandlungen sind das schon.

Maria Marihuana ist übrigens auch ein bisschen ängstlich. Weil sie so sensibel ist. Das hängt mit ihrer Fähigkeit zusammen, Sinneseindrücke zu verstärken. Und zwar alle. Die musikalischen wie die unmusikalischen, die harmonischen wie die unharmonischen, die anmutigen wie die brutalen, und wenn dann irgendwo und irgendwann der Lärm und die Geschmacklosigkeit obsiegen, wird so ein Sensibelchen schnell mal ein bisschen paranoid. Ein bisschen schreckhaft, ein bisschen schissig, was die Zukunft angeht. Hinter jeder Ecke lauert ein Ungeheuer, aus jedem Loch kommt ein Zombie gekrochen, jedes der drei großen Zukunftsthemen Liebe, Geld und Tod ist mit Angst und Schrecken besetzt, und ein alter Hase wie ich weiß zwar, dass am Morgen die Welt wieder in Ordnung sein wird, weil die Schlangen, die Maria in der Nacht gesehen hat, bei Licht betrachtet nur Stöckchen waren, aber ich hätte diesen Erkenntnisstand halt gern auch schon vor dem Einschlafen, vielleicht so ne Stunde lang. Und dafür brauche ich die Schlampe aus der Flasche. Angel Alkoholika besorgts mir dann. Sie entsensibilisiert und macht Mut bis zum Größenwahn.

Maria ab Sonnenuntergang und Angel ab Mitternacht ist meine Formel für ein glückliches Drogenleben mit siebzig, die dicke Berta aus der Familie der

Benzos habe ich dagegen bisher nur einmal probiert, und das auch nur versehentlich auf einem Nachtflug nach Kapstadt. Dem ging ein Gespräch mit einem Arzt voraus. Nicht mit meinem Arzt, denn ich hab keinen, weil ich wegen Maria einfach zu gesund bin. Nein, er ist ein guter Freund, der zufällig auch Neurologe, Psychologe, Schmerz- und Angsttherapeut ist. Seine Praxis brummt, denn er hat, wie mir seine Frau gestand, die besten Drogen in town.

Ich unterbreitete ihm folgende Problemfelder: a) dauert der Nachtflug nach Südafrika gute zwölf Stunden, und da würde ich gern mal ne potente Schlaftablette ausprobieren, und b) war ich noch nie dort und kenne mich nicht aus. Es könnte durchaus passieren, dass ich nicht sofort einen Marihuana-Dealer meines Vertrauens erblicke, was verlässlich zu mindestens einer Nacht ohne ausreichenden Schlaf führen würde. Das ist einer der Nachteile von Maria, wenn man sich zu sehr an sie gewöhnt hat. Es braucht zehn bis vierzehn Tage, bis ich auch ohne sie einschlafen kann. Und so viel Zeit hatte ich in Kapstadt nicht. Der Job musste in drei Tagen erledigt sein. »Und warum nimmst du das Gras nicht einfach im Flieger mit«, fragte er. »Dafür bin ich zu vorsichtig«, antwortete ich. »Ach, du bist auch paranoid?« Er gab mir eine Medikamentenpackung aus seiner Vorratskammer. Zwanzig kleine blaue Pillen, nicht rund, sondern stabförmig, von denen jede durch drei Sollbruchstellen in ihrer Wirkung noch mal zu reduzieren war. »Nimm erst mal nur ne Hälfte«, sagte er lächelnd. »Die können was.«

Im Flieger half mir zunächst auch ohne pharmaindustrielle Unterstützung das Video-Bordprogramm, die Economy Class nicht als kontraproduktive Sparsamkeit meines Auftraggebers zu verfluchen. Mit Liam Neeson und *Taken* verging die Zeit bis zur Nordafrikanischen Küste wie im Flug, mit *Taken 2* gings über die Wüste, und mit *Taken 3* über den Niger, Nigeria und Kamerun. Erst im Luftraum über den Regenwäldern des Kongo griff ich zu der Pille, teilte sie brav und schluckte die Hälfte. Vielleicht wurde es deshalb auch nur ein Halbschlaf, jedenfalls wollte es mir zwischendurch immer mal so scheinen, als wäre ich noch halb wach, trotzdem landete ich gut fünf Stunden später nicht nur ausgeruht, sondern auch extrem wohlgemut. Ich bin ein Vielflieger. Der Touchdown nach einem interkontinentalen Ritt in beengten Verhältnissen euphorisiert mich nicht mehr automatisch. Normalerweise will ich nur noch raus aus der Kiste, raus aus den Schlangen, raus aus der Gepäckhalle und rein ins Taxi, aber im Cape Town International Airport fühlte sich die Ankunftsprozedur in einer fremden Welt aus mir unerfindlichen Gründen wieder so beglückend neu an wie beim ersten Mal. Die blaue Pille hatte ich als Erklärung dafür nicht auf dem Zettel und auch schon vergessen. Es war ja nur eine Schlaftablette, und davon auch nur die Hälfte. Und für den Verdacht, es könnte mehr als gedacht darin gewesen sein, fehlten vor, während und nach der Landung alle mir bekannten Drogenerlebnisse. Ich war weder high noch breit oder besoffen. Nicht mal beschwipst. Ich hatte nur im Flieger dankbar einen Frühstückskaffee genossen und freute mich nun auf die erste Zigarette, aber das ohne jede

Ungeduld, ohne jede Sucht nach Nikotin oder irgendwas anderem, denn ich war vom Augenblick erfüllt und von dem, was er zu bieten hatte. Die Sonne in den Fenstern, die Stewardessen am Laufband, das Lebensgefühl beim Reisen, das ich von früher kannte, so optimistisch wie die Jugend, und so tiefenentspannt wie die Weisheit, ja, man könnte sagen, ich dockte an meinen besten Tagen an, morgens um sieben in Südafrika.

Einen Tag später hatte ich noch immer kein Marihuana, nicht weil ich keins gefunden, sondern weil ich keins gesucht hatte. Auch das war außergewöhnlich. Und ich hatte von dem Rest der blauen Pille nichts nachgeworfen, ich hatte einfach so in der ersten Nacht im Breakwater Hotel, das zur Zeit der Apartheid mal ein berüchtigtes Gefängnis gewesen war, wie ein Baby durchgeschlafen, und wenn ich nicht schlief, war es auch okay, so megaentspannt herumzuliegen und den Atem zu zählen.

Am zweiten Tag begann die Arbeit. Dazu gehörte der Besuch eines Museums für moderne afrikanische Kunst und das Interview mit dessen ebenso kompetentem wie unterhaltsamem Direktor. Ein tolles Gespräch, obwohl ich von der modernen wie unmodernen, der afrikanischen wie nicht afrikanischen Kunst null Ahnung habe, verlief es durchgehend ohne Peinlichkeiten, anregend und schon wieder entspannt – so entspannt, dass ich es nicht für nötig befand, mein Aufnahmegerät zu aktivieren. Erst nach den ersten Erkundungsschritten durch die aktuellen afrikanischen Kunsterlebniswelten griffen professionelle Reflexe. Ich machte auf dem Absatz kehrt und nahm mir ein Taxi zu der langen Straße der Dealer, denn was ich in dem Museum grad an knallbunten Exponaten gesehen hatte, musste ich unbedingt noch mal bekifft inspizieren. Das war Ehrensache. Das schuldete ich meinen Lesern.

Alle Autoren benennen Schriftsteller, deren Bücher sie dazu gebracht haben, selbst mit dem Schreiben anzufangen, und die sie auch später inspirierten, damit weiterzumachen. Da gibt es natürlich solche und solche, stilistisch wie thematisch, aber was meine Vorbilder einte, war ihre Einstellung zu Arbeitsdrogen. Es gab die Trinker wie Hemingway und Bukowski, die Kokser wie Hunter S. Thompson und Stephen King, die Morphinisten wie Hans Fallada und William S. Burroughs, ich dagegen fühlte mich zu den Quellen der Inspiration von Hesse und Baudelaire hingezogen. Das waren die Kiffer. Ich schwöre beim Grab meiner Mutter, dass ich durchaus schon öfter daran gedacht habe, aus guten und ich glaube auch bereits benannten Gründen Maria Marihuana aufzugeben, aber keiner dieser Gründe hatte etwas mit meiner Arbeit zu tun. Nur die wurde unbekifft schlechter. Das ließ ich nicht zu. Auch nicht in Kapstadt.

Die Long Street mit ihren Pubs und Prostituierten ist die Einkaufsmeile für alles Illegale, und wie nicht anders zu erwarten, war sie voller Dealer und Polizisten. Die einen trugen Uniformen, die anderen keine, so konnte ich sie leicht auseinanderhalten. Aber wie unterscheide ich die guten von den bösen Drogendealern? Wer wird mir helfen und wer mich bescheißen? Die Frage stellt sich immer in der Fremde, und je fremder die Fremde ist, desto schwieriger ist sie zu beantworten, bevor es dafür zu spät ist. Ich war der einzige Weiße vor Ort, und die Gesichter der Pusher of Colour sagten mir null über ihre Gedanken dahinter. Und schnell hatte ich einen ungebetenen Begleiter. Er wollte mir nichts verkaufen, sondern Ablasszahlungen für die Kollektivschuld der Europäer. Weil ich das ablehnte, blieb er bei mir. Keine gute Ausgangslage für ein kriminelles Vorhaben auf offener Straße, aber was sollte ich machen? Mich erpressen lassen? Sobald ich das Tütchen mit dem Gras von einem Eckensteher bekommen hatte, versuchte es der Bettler tatsächlich auf die harte Tour. Er zeigte auf einen Polizisten in der Nähe und ließ mir die Wahl: »Money or problems?«

Quasi im selben Moment kam ein freies Taxi des Weges, und ich hatte eine Wahl mehr. Ich sprang rein, es fuhr los, und das wars dann, dachte ich. Aber kaum war es losgefahren, begann direkt hinter uns ein Blaulicht zu rotieren. Es folgte uns. Und an der nächsten roten Ampel hielt der Bullenwagen rechts neben uns, und ein böses Bullengesicht sah mich durch die zwei Autofenster an, die nun nur noch zwischen uns waren.

Ich will es mal so sagen: Bekifft hätte ich mir jetzt in die Hosen gemacht. Weil sich das Adrenalin mit Marias Fantasiepotenzial gepaart hätte. Gebusted in Kapstadt. Welch ein Strauß an Folgemöglichkeiten, um sich tiefer in die Scheiße zu reiten. Mit Alkohol hätte ich die Gefahr verlacht, was ebenfalls einer Fehleinschätzung der Lage gleichgekommen wäre. Aber unter dem Einfluss der Schlaftablette aus Neurologenhand, von der ich die Hälfte vor nunmehr achtundvierzig Stunden eingenommen hatte, blieb ich einfach weiter ganz wunderbar entspannt wie schon den ganzen lieben, langen Tag. Mein Fenster zur bullenfreien Seite hatte ich bereits heruntergekurbelt und meinen Arm herausgelehnt, also, was will der Typ von mir? Er weiß doch so gut wie ich, was passieren wird, wenn er jetzt den Dicken macht? Denn es stürmte sehr, aber es stürmte auch am Tag vorher, in Kapstadt stürmt es eigentlich immer, weil die Stadt an der südlichen Spitze des afrikanischen Kontinents von zwei Ozeanen begrenzt wird, die ihre weltberühmten Stürme hin und her schicken. In der Long Street, ich erwähnte es noch nicht, hätte es mich ein paarmal fast umgeweht, so sehr stürmte es, das heißt, ich müsste das Gras nicht wegwerfen, ich müsste es nicht mal fallen lassen, ich bräuchte einfach nur dem Sturm die Hand reichen. Der Sturm war mein Freund, der Bulle kein Idiot und der Taxifahrer aus Angola ein Bob-Marley-Fan. Mit »I shot the sheriff« und so weiter brachten wir die Beute heim.

Angst ist reine Nervensache. Und Adrenalin ist der Botenstoff, der mit ihr von Nervenzelle zu Nervenzelle eilt, um das Gehirn auf Zack zu bringen, wenn es auf Zack sein muss. Der Gegner des Adrenalins ist GABA. Auch er ein Botenstoff, aber einer für das glatte Gegenteil. Er bremst die Erregung aus. GABA beruhigt, GABA schläfert ein, GABA löst die Angst in Wohlgefallen auf. Mitte der Sechzigerjahre braute man in den Hexenküchen der Pharmaindustrie einen Wirkstoff zusammen, der GABA obsiegen lässt, wann immer man es will, braucht oder auch nur Lust auf die Angstlosigkeit hat. Die Wirkstoffe wurden Benzodiazepine genannt, kurz Benzos. Und das erste Medikament, das daraus erwuchs, hieß Valium. Im Laufe

der Jahrzehnte wurde weiter geforscht, die Feinab-
stimmungen wurden weiter verbessert, und mit jeder
Verbesserung gabs ein neues Medikament mit einem
neuen Namen. Aber Benzos blieben Benzos, und sie
wurden unfassbar beliebt. Legal wie illegal eroberten
sie die Gehirne von Abermillionen, denn der Menschheit ist es vermutlich scheißegal, ob ein Arzt oder
ein Dealer sie von dem Fluch der Angst befreit. Dass
ich vor Kapstadt noch nie Benzos probiert hatte, lag
daran, dass ich zu einer Generation gehörte, die der
Pharma- wie der Atomindustrie gleichermaßen miss-
traute. Außerdem wollte ich Drogen, wenn mir nach
Drogen war, und keine Medikamente, was genauso
bescheuert ist, wie Drogen abzulehnen, weil es keine
Medikamente sind.

Nachdem ich endlich mal die Gebrauchsanweisung der fabelhaften Schlaftablette studiert hatte,
wurde mir einiges klar. Entspannt im Stress und keine
Angst vor der Langeweile, beides ging auf das Konto
der Benzos. Drei Tage in Kapstadt, das sind zwei-
undsiebzig Stunden, und in keiner dieser Stunden
wünschte ich mir, dass sie schneller vorbeigehen
möge, als sie es tat, und auch nicht langsamer. Und
weil ich dabei weder übersinnlich noch überdreht, ja
nicht mal überglücklich, sondern eigentlich nur normal, aber sehr gut normal unterwegs war, kam mir
bis zu meinem Studium der Inhaltsstoffe von Schlaf-
männchens Supermedikament nie der Gedanke, das
könnte was mit der halben Pille zu tun haben. Diese
ganz normale Freude am Sein. Und auch das war gut
zu wissen: Es reicht, dass die Angst sich verabschie-
det, und schon ist die Lebensfreude wieder da.

Lebensfreude ermöglicht Reisefreuden. Von der Ankunft bis zum Abflug genoss ich die Rückkehr der guten alten Tage wie ein kleines Wunder. Und zu Hause ging es so noch ein paar Tage weiter. Weil die Benzos bis zu fünfzig Stunden wirken und bei alten Menschen sogar noch länger, kam nun noch die Schreibfreude obendrauf, die Arbeitsfreude, die Freude am Geldverdienen, der dicken Berta Benzo sei Dank. Und ich würde sie wirklich liebend gerne in meinen Drogen-Harem aufnehmen, wenn sie nicht ein so großes Suchtpotenzial hätte. Auch davon kündete die Gebrauchsanweisung. Man gewöhnt sich schnell an Berta, dann verliert sie an Wirkung, und man braucht mehr Pillen und immer mehr, und wenn man dann irgendwann nicht mehr länger mitmachen will, wird die dicke Berta Benzo fies.

»Der Entzug war die Hölle«, berichtete mir eine Freundin, die sich schon von vielem entzogen hatte, und mein Marihuana-Dealer daheim blies ins selbe Horn. »Lass das bloß sein«, sagte er. Und das sagte er nicht nebenbei, er hatte sich echt erschrocken. »Die machen wirklich abhängig.«

Meinen Freund, den Neurologen, amüsiert es bis heute, dass mich ein Drogendealer vor seinen Medikamenten warnte. »Für den Entzug musst du die Dosierung halbieren«, erklärte er mir, »und am nächsten Tag die Hälfte wieder halbieren und am nächsten Tag wieder. Du kannst natürlich auch andere Rhythmen probieren. Alle drei Tage die Hälfte oder alle sieben. So oder so, am Ende wird die Hälfte so klein sein, dass du sie nicht mehr halbieren kannst. Das nennt man ausschleichen.«

»Und was ich in Kapstadt erlebt habe, nennt man reinschleichen?«

»So kann man es sehen. Aber es stimmt auch, dass über zwei Millionen Menschen in Deutschland jeden Abend vor dem Schlafengehen eine halbe Pille nehmen und niemals mehr davon brauchen. Die brauchen dann auch keinen Entzug. Die Sucht kommt nicht zwangsläufig. Sie betrifft nur Patienten, die auch schon vorher suchtgefährdet sind.«

Ach ja, und was bin ich? Wenn ich keine Anlage zur Suchtgefährdung habe, wer hat sie dann auf dieser Erde? Natürlich bin ich süchtig nach Maria, nur kann ich mich mit meiner Marihuana-Abhängigkeit besser arrangieren als mit allem anderen, was ich probiert habe. Kokain & Co zwingen dich, irgendwann damit aufzuhören, sonst geht dein Leben den Bach hinunter, und du siehst außerdem, was vielleicht noch schlimmer ist, sehr schnell sehr viel älter aus, als du bist. Marihuana zwingt mich dazu nicht. Mit Mary kann ich leben, sogar lieben, arbeiten (sogar besser) und Geld verdienen (oft auch viel). Und was die schon benannten Nachteile betrifft, die Überempfindlichkeit und die daraus resultierende Schissigkeit sowie das Grübeln und Graben in Unentschlossenheit, so hatte ich gelernt, damit wie ein Mann umzugehen und nicht wie ein Klageweib. Vielleicht war es ja genau das, was mein Freund und Arzt erreichen wollte. Vielleicht wollte er mir mehr helfen, als ich vermutet hatte, und mich mit den Benzos von meiner Haschischsucht befreien, wie Freud versucht hatte, einen Freund mit Kokain von seiner Morphiumsucht zu befreien, woraufhin er umgehend kokainsüchtig wurde.

Also ich denke, so geht das nicht. Aber wie dann? Aufhören geht nur durch Aufhören? Nein, so geht das bei mir auch nicht. Wenn ich die Sucht an sich als das eigentlich Böse an den Drogen deklarieren will, halte ich mich besser an Konfuzius. Möglicherweise stammt das Zitat auch nicht von ihm, sondern von Laotse, ich weiß es (dank Maria) nicht mehr. Aber einer der beiden hat es gesagt: »Man kann das Böse nicht direkt bekämpfen, denn dann wird es nur stärker. Der beste Weg im Kampf gegen das Böse ist vielmehr der energische Fortschritt im Guten.« Für mich heißt das: Kämpfe nicht gegen deine Sucht. Bleib einfach nur länger nüchtern.

3. KAPITEL

Die letzten Zähne *oder* Über wie viel Brücken muss das gehen?

Ich bin eine untreue Tomate. Ich wechselte in dreißig Jahren sechs Wohnungen, sechs Städte und jeweils drei Kontinente und Verlage, aber nie wechselte ich meinen Zahnarzt. Sein Motto: Marmor, Stein und Eisen bricht, aber meine Brücken nicht. Er hielt, was er versprach. Und er war kein Sadist. Das sind schon mal zwei Säulen, auf die man Vertrauen bauen kann. Darüber hinaus hatte er Humor, Mundgeruch und einen Porsche. Obwohl er nicht viel älter war als ich, sah ich in ihm immer den väterlichen Dentisten. Die Autorität der Koryphäe. Der hanseatische Ehrenkodex, das Teddybär-Gesicht, da kam vieles zusammen, was ihn zum Zahnarzt meines Lebens machte. Alle anderen, die ich vorher hatte, waren das nicht.

Als Kind ging ich zu den Zahnärzten der Fünfzigerjahre. Das war technisch wie mental eine andere Welt. Man muss nur die Autos von damals mit denen von heute vergleichen, und man weiß um die Dimension des Unterschieds. Man konnte sich trösten, dass es im Mittelalter noch ärger war, aber der Trost blieb schwach, sobald das Kind auf dem Stuhl der Schmerzen saß. Den Zahnärzten war die Qual egal und manchmal sogar willkommen. Ich erinnere mich an einen, der grundsätzlich Spritzen ablehnte, weil er den Schmerz des Patienten brauchte, um präzise zu arbeiten. Er bohrte ohne Betäubung, egal, wie weh das tat, und einmal zog er mir einen Zahn mit Lachgas, das nicht wirkte. Er sagte, es sei meine Schuld gewesen, weil ich vor Schreck das Lachgas einzuatmen vergessen hätte, aber wessen Fehler auch immer es war, ich schrie sehr viel bei ihm.

Sind das schon traumatische Erlebnisse? Oder kamen die erst, als ich Anfang der Siebzigerjahre eine blonde Dr. dent. in Frankfurt für einen Notfall aufsuchte? Ein Nerv flippte aus. »Wurzelbehandlung«, sagte sie. »Spritze«, sagte ich. »Nein, das kann man nicht betäuben«, antwortete sie und bohrte den Zahn auf. Mein unritterliches Verhalten dabei veranlasste Frau Dr. dent. Domina, mir die Nadel vor Augen zu halten, mit der sie nun den entzündeten Nerv aus dem Wurzelkanal herauszuholen gedachte. »Wenn Sie zucken, wird das Ihr Problem«, sagte sie. Im Nachhinein kann ich schwer sagen, ob sie eine Perverse war oder nur schlecht gelaunt, aber als Nächstes schoss der Schmerz mit einem grellen Blitz durch mein Gehirn und schaltete es aus. Ein paar Ohrfeigen später kam ich zu mir, und wieder zeigte sie mir die

Nadel. Ein winziger Nerv zappelte im Todeskrampf an ihrer Spitze.

Fortan ließ ich nie wieder freiwillig eine Frau an meine Zähne und unfreiwillig auch nur einmal. Das war Tatjana aus Havanna, aber es geschah in Hamburg, als sie mir mit einer Teetasse drei der oberen Frontzähne brach, und obwohl das grausam schmerzte und noch grausamer aussah, bin ich ihr heute dafür durchaus dankbar, denn ihre Eifersuchtstat führte mich zum ersten Mal auf den Stuhl des Dr. dent. Wunderbar, der der Zahnarzt meines Lebens wurde. Aus den Ruinen, die Tatjana hinterlassen hatte, ließ er drei neue Zähne wachsen, die schöner waren als die alten, die gesamte Front und die Oberlippe gewann dadurch, ein leichter Knutschmund war erschaffen. Auch alles andere, was er später anpackte, wurde besser als das, was Gott geschaffen hatte, und nie verlor ich bei seinen Wurzelbehandlungen das Bewusstsein wie bei der Frankfurter Hardcore-Tante. Selbst von der Wurzelspitzenkappung, die im Ruf eines äußerst schmerzhaften Blutbads steht, weil dafür das Zahnfleisch aufgeschnitten und der Kieferknochen durchbohrt werden muss, spürte ich außer den Spritzen eigentlich nichts. »Wie kommt das nur?«, fragte ich. »Na ja«, sagte er. »Erstens mache ich das ja nicht zum ersten Mal. Und zweitens ist es das Wichtigste überhaupt, dass man direkt in den Entzündungsherd noch mal eine Betäubungsspritze setzt, sobald der Weg durch den Kiefer dafür frei ist. Ich nähe jetzt nur noch schnell Ihr Zahnfleisch wieder zusammen, und das war es dann.«

Wir führten die treueste Zahnarzt-Patienten-Beziehung aller Zeiten. Das waren seine Worte, wenn ich wieder mal interkontinental zu den Terminen angereist war. Ein Zahn brach ab in Kalkutta. Ein Zahn brach ab in Malawi. Ein Zahn brach ab in Marrakesch, und hin und wieder gab es auch Zahnprobleme in Städten, in denen es jede Menge gute Zahnärzte gibt, wie Barcelona, St. Gallen, Rio de Janeiro. Doch egal wie viele Tausend Flugmeilen zwischen uns lagen, wie viele Zwischenstopps, Transithalte, Weiterflüge und Anschlusszüge, das spielte alles keine Rolle, weil es nur einen geben konnte, dem ich vertraute, dreißig Jahre lang.

Im Sommer des einunddreißigsten Jahres brach mir dann ein Zahn in Wien ab. Es tat noch nicht weh, aber ich wusste, der Schmerz würde kommen, in drei Tagen, in einer Woche, vielleicht aber auch schon morgen. Ich saß im Auto, ich hatte gerade eingeparkt und dabei in einen Nussriegel gebissen. So wars passiert, aber es passiert ja immer so, irgendwo, irgendwann, irgendwie und nebenbei. Ich rief in Hamburg an. Die liebe Assistentin war dran.

»Ich brauche einen zeitnahen Termin«, sagte ich.

»Ja, wissen Sie es nicht?«

»Was?«

»Der Herr Doktor ist vor einem halben Jahr verstorben.«

Ich blieb noch ein Weilchen ruhig im Wagen sitzen. Ich schaute auf die Straße. Ich dachte an ihn, ich dachte an mich. Der Zahnarzt meines Lebens lebte nicht mehr. Und wo kriege ich einen neuen her? Für das aktuelle Problem und für alle, die da noch kommen werden? Seine Brücken und Kronen hatten länger als versprochen gehalten, aber langsam rückte auch ihr Verfallsdatum näher. Und ich war mittlerweile sechsundsechzig und damit am Start für das letzte Viertel meines Lebens. Vielleicht stand schon bald eine Totalrenovierung an, aber ganz sicher irgendwann.

Zähne sind die einzigen Statussymbole, die zählen. Zahnlücken erzählen vom Verlieren, vom Aufgeben, vom Sichgehenlassen. Und natürlich erzählen sie vom Altwerden. Und das wars dann mit den positiven Signalen eines Lächelns, eines Lachens, eines lustigen Small Talks, mit dem man irgendetwas anbahnt. Zahnlücken bekommen keinen Kredit, Zahnlücken bekommen keinen Mietvertrag, alles Mögliche bekommen Zahnlücken nicht. Und mein Zahnarzt lebt nicht mehr. Das ist nicht gut.

Den abgebrochenen Zahn von Wien ließ ich in Ungarn reparieren, weil all meine Wiener Freunde das in Ungarn tun, ich bekam einfach keine andere Empfehlung. »Die Ungarn sind gut, und die Ungarn sind billig«, sagten sie. »Wie billig?«, fragte ich. »Zwei Drittel billiger als die Österreicher«, sagten sie. »Und wie gut?« Eigentlich alle, die ich das fragte, machten nun den Mund weit auf. Da waren die Fakten, und ich hatte nur Vorurteile über osteuropäische Zahnärzte, die meinen Vorurteilen über osteuropäische Handwerker entsprachen. Sie sind Meister der Improvisation, was zwar nicht dasselbe wie Pfusch ist, aber es sieht wie Pfusch aus. Pfusch am Bau, Pfusch an Brücken, Pfusch und Krone drauf.

Es scheint, dass neunzig Prozent aller ungarischen Zahnärzte sich im grenznahen Gebiet zu Österreich niedergelassen haben. Und es scheint, dass neunzig

Prozent aller ungarischen Schönheitschirurgen dasselbe taten. Ihre gemeinsame Metropole ist Sopron. Gesprochen wird es Schopron, die Österreicher machten »Shop on« daraus, und der Schilderwald, der die kleine ungarische Landstraße nach Sopron säumt, kündet Plakat für Plakat entweder von den besten Titten oder den besten Zähnen der Stadt. Mein Mann ordinierte in einem 365 Jahre alten Fachwerkhaus, das die Technik seiner Praxis in einem außerirdischen Kontrast erstrahlen ließ. Der Behandlungsstuhl, die Apparaturen, die Strahler, alles sah aus, als wärs von der NASA. Kernstück der Show war ein riesiger Bildschirm, auf dem alsbald die digitalisierte untere Hälfte meines Schädels wie ein Todesstern aus dem Krieg der Sterne rotierte. Der Ungar trug Pferdeschwanz, Jeans und ein weißes Hemd. Er sah gut aus und wirkte kompetent. Der Zahn, für den ich kam, war ihm kaum der Rede wert, aber die Brücke rechts oben sei zu alt, die müsse runter und eine neue drauf, und die zwei Frontzähne unten seien entschieden zu locker, die gehörten durch Implantate ausgetauscht.

»Also, was machen wir?«

Das hatte ich geahnt. In meinem Alter kommt man für einen Zahn und gerät in Großbaustellen. Und immer habe ich dieselben Ausreden parat. Entweder steht gerade eine Lesetour oder eine große Reise an. »Danach machen wir das«, antwortete ich und ließ ihn nur das aktuelle Problem angehen. Der kaputte Zahn von Wien brauchte eine neue Krone, und ich brauchte das als Probelauf. Wird er mir wehtun? Die Spritze setzte er für meinen Geschmack eine Spur zu sportlich, aber der Stoff, den sie enthielt, betäubte nicht nur, sondern entspannte mich auch, was völlig unerwartet kam, ja, er euphorisierte sogar. Glückliches Bohren, glückliche Rückfahrt nach Österreich: Solange die Betäubung anhielt, war ich glücklich, und das war angenehmerweise den ganzen Abend so. Eine Woche später war ich wieder im schönen Ungarn, aber für das absolut schmerzfreie Aufsetzen der neuen Krone wollte er mir partout keine Spritze mehr geben. War der Ungar mit dem Pferdeschwanz trotzdem mein neuer Zahnarzt fürs Leben? Oder für den Rest davon?

Ich brauchte eine zweite Meinung. Nicht wegen der Krone, die war prima, obwohl sie tatsächlich nur dreihundert Euro kostete, sondern wegen des anvisierten Großen und Ganzen: die Brücke, die Implantate, war das alles wirklich nötig? Und wenn ja, für wen? Für mich oder für den Ungarn? Antworten darauf fand ich bei einem Prof. dent. im 1. Bezirk von Wien. Wer da eine Praxis hat, weiß, wie es geht. Titel sind die halbe Miete, die andere Hälfte ist der richtige Schmäh.

»Nein, die Brücke oben rechts ist noch o. k.«, sagte er.

»Auch wenn sie schon achtzehn Jahre alt ist?«, fragte ich.

Der Mann lächelte.

»Ach, wissen Sie, Brücken sind nicht wie Spinat. Die haben kein Ablaufdatum.«

Sein Humor gefiel mir, aber was er stattdessen vorschlug, gefiel mir überhaupt nicht. Er habe einen winzigen Entzündungsherd im Oberkiefer gefunden, dem eine frühzeitige Wurzelspitzenkappung guttun würde.

Wurzelspitzen! Kappung! »Na klar«, sagte ich, »aber erst nach meiner Reise.«

Zwei Jahre später bewahrheitete sich, was der Ungar für meinen Unterkiefer prophezeit hatte. Einer der beiden lockeren Frontzähne ließ sich mittlerweile mit der Zunge ein gutes Stück vor- oder zurückbewegen. Ich ging wieder zu dem lustigen Wiener. Dieses Mal lachte ich auch, aber nicht so wie gedacht. Ich lachte darüber, wie er mich zum Mann machte. Es war ein eingeschobener Termin, er hatte nicht viel Zeit. Er schlug vor, dass wir den Wackelzahn ein anderes Mal ziehen und ihn jetzt nur mit einer neuartigen Plastikmasse stabilisieren würden, die an den Zähnen, zwischen denen er wackelte, angedockt wird. Ich fand das eine super Idee, doch kaum hatte ich mich entspannt, kam der Überfall. »Das funktioniert nicht«, sagte er. »Ich mach was anderes.« Dann schrie ich zweimal laut auf. Er hatte den Zahn ohne Betäubung einfach rausgerissen. Mit zwei Rucks. »Die Spritze hätte mehr wehgetan«, sagte er, und ich bekam meinen Lachkrampf. Kein Mensch wusste, warum. Die Assistentin auch nicht. Sie schaute mich entgeistert an, fast so, als hätte sie das, was hier gerade geschehen war, genauso schockiert wie mich, nur halt ohne den Schmerz.

»Warum lachen Sie«, fragte sie. »Ich seh gerne Wikinger-Serien auf Netflix«, antwortete ich. »Die lachen auch immer, wenn sie grad was in die Fresse bekommen haben.« Nachdem sich alle beruhigt hatten, schmierte mir Prof. Dr. dent. Ruckzuck mit seinem neuartigem Plastikzeugs die Zahnlücke zu. Ein absolutes Provisorium, das spätestens in zwei Wochen durch eine seriöse Lösung ersetzt werden sollte. Dazu muss ich im Nachhinein drei Dinge vermelden. Erstens sieht das Provisorium fast wie ein Zahn aus, der Unterschied ist kaum zu sehen. Zweitens kostete der Spaß nur hundertachtzig Euro. Und drittens hält das nun schon seit einem halben Jahr.

Die Zeit nutzte ich, um eine dritte Meinung einzuholen. Die eines Schweizers. Ich wohne in St. Gallen, da liegt das zum einen auf der Hand, zum anderen auch wieder nicht, denn die kurzen Wege sind hier die teuersten. Aber wenn es darum geht, seine Zähne für die letzten, na sagen wir, zwanzig Jahre, auszurichten, wäre *swiss quality* vielleicht das Richtige, dachte ich. Die eidgenössische Empfehlung führte nach Zürich. Eine euphorische Empfehlung, nebenbei, der Mann schwärmte von seinem Zahnarzt: jung, motiviert, hightechorientiert – und nichts davon war gelogen oder fantasiert. Man sagt ja, dass das Unterbewusstsein bei der ersten Konsultation dreißig Sekunden braucht, um einem Zahnarzt zu vertrauen, und genau das passierte hier. Und was er diagnostizierte, kapierte ich nicht gleich.

»Sie haben Parodontose«, sagte er.

»Und was bedeutet das für mich?«

»Ihr Zahnfleisch geht zurück.«

Ich hatte den Ernst der Lage noch immer nicht erkannt. Er erklärte ihn mir. Wenn sich das Zahnfleisch zurückzieht, lockern sich die Zähne und fallen aus. Wenn sich das Zahnfleisch zurückzieht, kann man Kronen und Brücken vergessen und Implantate auch. Wenn sich das Zahnfleisch zurückzieht, wäre stattdessen eine Prothese für den gesamten Unterkiefer zu empfehlen.

»Eine was?«

»Eine Prothese.«

»Sie meinen das, was man vor dem Schlafengehen in ein Wasserglas legt?«

Die Stunde der Wahrheit. Gebiss mit siebzig. Eine Hälfte zwar nur und auch eine mordsmoderne, aber das Wörtchen »nur« erfüllt hier keinerlei beruhigende Mission. Ich stellte mir das Gesicht von Lara vor, wenn sie mich ohne Zähne sieht. Ich stellte mir auch mein eigenes Gesicht vor. Zahnlos im Spiegel. Wie werde ich den Anblick ertragen. Beim ersten Mal? Und wird das beim hundertsten Mal besser? Wie viel Sekunden braucht man, um eine Prothese herauszunehmen? Sechzig oder weniger? In dreißig Sekunden zum Greis. Ein Horrorfilm, ein *scary movie*, und das jede Nacht. Ich wollte in diese Vision keineswegs tiefer eindringen, die Vorstellung von Laras Gesicht reichte vollauf.

»Nein«, sagte ich.

»O. k.«, sagte er, »dann machen wir jetzt doch mal ein Röntgenbild.«

Er hatte seine erste Einschätzung der Lage durch eine konservative Inspektion gewonnen, aber nachdem das Röntgenbild da war, entspannte sich die Kommunikation. Alles halb so wild. Das meiste sitzt fester als gedacht. Die beiden Zähne rechts und links der provisorisch zugeschmierten Lücke müssen raus, die sind definitiv zu locker, ein dritter Zahn daneben auch, und darauf kommt ne Brücke und aus. Was den Unterkiefer betrifft. Zur Brücke oben rechts sagte er dasselbe wie der Ungar vor zwei Jahren. Die gehört dringend ausgetauscht. Aber er sagte noch mehr.

Unter der alten Brücke sei ein Zahn samt seiner Wurzel bereits verfault. Der müsse auch raus. Und noch etwas.

»Rauchen Sie?«

»Ja, viel.«

»Wie viel? Zehn Zigaretten, zwölf?«

»Pro Stunde oder pro Tag?«

Er gab auf. Obwohl ohne die Dauerbegasung des Zahnfleischs durch Nikotin das Risiko einer Parodontose um vierzig Prozent gemildert wäre. Er zeigte es mir auf einer App seines Handys. Ein roter Kreis, der fast zur Hälfte eingegrünt wird, wenn man das Rauchen aufgibt. Hätte er mich damit konfrontiert, als die Prothese noch unser Thema war, hätten wir nun vor einer wirklich interessanten Frage gestanden: Zähne oder Zigaretten? Bei Heinrich Böll hieß das: Zehen oder Zigaretten? Und er hat sich gegen die Zehen entschieden. Aber mit der neuen Diagnose war die Schicksalsfrage vom Tisch. So tickt der Mensch. Gefahren in der Ferne jucken ihn nicht. Nur denen im Hier und Jetzt begegnet er mit Konsequenz.

Themenwechsel. Tiefenreinigung. Denn auch die Entfernung des Zahnsteins bis runter zur Wurzel grünt den roten Kreis des Parodontose-Risikos ein wenig ein. So um zwanzig Prozent. Er schlug vor, das sofort zu erledigen, und ich schlug ein. Wieder war es ein guter Probelauf, um zu sehen, wie ein Zahnarzt die Spritze setzt. Seine war nicht länger als ein Kugelschreiber und damit viel kleiner als die Monsterpumpen des Ungarn, ich spürte eigentlich nichts. Wie das? »Weil ich nicht steche, sondern schneide«, sagte er, »und ich gehe dabei auch nicht bis auf den

Knochen. Denn das ist das Einzige, was beim Spritzen wehtut. Und ich tu nicht gerne weh.«

Wie schön. Und für wen soll ich mich nun entscheiden? Die Tiefenreinigung in Zürich ist mittlerweile auch schon wieder vier Monate her. Unter der Brücke oben rechts fault der faule Zahn weiter, und die Zahnlücke unten ist immer noch provisorisch zugeschmiert. Gut zugeschmiert, wie der Schweizer sagte. Er lobte den Österreicher dafür. Und noch etwas spricht für den Professor Ruckzuck aus dem 1. Wiener Bezirk. Ich verließ damals seine Praxis als Held. Ein seltenes Gefühl. Gibt es dafür Orden? Oder eine Urkunde: »Hiermit wird bezeugt, dass Herrn H. T. ein Zahn ohne Betäubung herausgerissen wurde und er es überlebt hat.« Mehr noch. Sein Trauma wurde besiegt. Ich erinnere mich noch gut, wie ich nachher über die Brücke des Donaukanals ging. Eine Grundangst hatte mich verlassen. Ein tiefer Knoten war gelöst. Trotzdem werde ich natürlich nie wieder zu dem Wiener gehen. Und was ist mit dem Ungarn? Seine Diagnose stimmte, seine Krone hält, seine Preise sind prima, und der Stoff, den er mit seinen Spritzen reinpumpt, ist eh der Hit. Was spricht da noch gegen ihn? Ich weiß es nicht. Was gegen den Schweizer spricht, weiß ich dagegen schon. Er ist zwar perfekt für mich, schmerzlos, sympathisch, und von wahrer Schweizer Qualität, aber er ist halt auch noch sehr jung. Okay, je älter ich werde, desto öfter kommen mir Leute zu jung vor, für das, was sie tun, es sei denn, es ist Mozart. Aber Erfahrung ist Erfahrung. Und man lernt aus seinen Fehlern. Alles schön und gut, aber ich will nicht der Fehler sein, aus dem ein Zahnarzt gelernt hat.

4. KAPITEL

Traue keinem unter dreißig

Wenn Kinder was Dummes sagen, finde ich das lustig. Bei Jugendlichen nicht, da nervt es mich, aber die Dummheit ab achtzehn wird gefährlich. Dann dürfen sie wählen, heiraten, Auto fahren, aber Entscheidungsträger sind sie glücklicherweise noch nicht. Darum müsste es eigentlich »Traue keinem unter vierzig« heißen oder »unter fünfundvierzig«. Der Ernst des Lebens hat diesen Altersgruppen die Dummheit zwar schon mächtig abgeschliffen, aber das, was noch davon übrig ist, hat Macht.

Die Dummheit ist kein Privileg eines niedrigen IQs, sonst würden intelligente Menschen nichts Dummes tun. Es ist die Unerfahrenheit. Die ist dumm. Sie ist das Brett vor dem Kopf der Jungen. Dafür muss sich niemand schämen, wir trugen es alle mal mit uns rum und wollten trotzdem die Debatten bestimmen. »Die Alten glauben alles, die Erwachsenen bezweifeln alles, und die Jungen wissen alles«, schrieb Oscar Wilde dazu.

Was wusste ich mit siebzehn? Ich sags mal so: Make love, not war. Alle Kriege müssen sofort beendet, alle Hungrigen sofort gespeist, alle Güter sofort gerecht verteilt und alle Drogen sofort legalisiert werden. Sofort! Und alternativlos, weil es so wie in den letzten 300 000 Jahren wirklich nicht mehr weitergehen kann. Und nicht weiterzugehen braucht. Wir hören einfach damit auf. Und was sage ich mit siebzig dazu? Du hast recht, Bengel, wir müssen einfach nur alle acht Milliarden Menschen davon überzeugen, ihr Ego abzulegen. Dann klappt das sofort. Und wenn ich alle sage, meine ich alle, auch mich. Auch ich muss mein Ego minimieren, und schon weiß ich, es wird kompliziert.

Soll ich den ganzen Scheiß denn hier wirklich noch mal durchkauen? Mit Egoismus funktioniert kein Kommunismus. Die Selbstsucht findet immer Wege aus der Solidarität, und wenn es um Macht geht, ist sowieso Schluss mit Friede, Freude, Eierkuchen. Die Macht ist ein wildes Tier, das immer nur fressen will, ohne dabei selbst gefressen zu werden. Das ist das Einzige, was sie interessiert. Ideologien, Religionen und Gesellschaftssysteme sind der Macht schnurz-piepegal und kommen in ihrem Weltbild nur als Jagdgründe vor, in denen sie fressen kann, was halt da ist. Mit Egoismus funktioniert deshalb auch kein Buddhismus, Feminismus oder sonst irgendein -Ismus, bei dem jeder mitmachen muss, damit alles besser wird. Und weil das immer so war, wird es auch immer so bleiben?

Das alte Lied der Alten. Unser Brett vor dem Kopf ist die Gewohnheit. Ich habe, um ein Beispiel zu benennen, mein Leben lang Bullen als Bullen bezeichnet, warum soll ich mir jetzt Gedanken darüber machen, wie ich das gendern kann? Muss ich Kühe sagen, wenn ich nervende Polizistinnen meine? Oder Scheißkühe, wenn es angebracht ist? Die Sprache ist mir heilig, und die Sprache ist von ihrem Artikel her weiblich – und wie alle Göttinnen verlangt sie, die einzige Angebetete zu sein oder zumindest die wichtigste. Die Belange der Sprache sind mir wichtiger als die der Emanzipation. Gewohnheit ist das Brett vor meinem Kopf, ich sagte es schon, und ich habe mich daran gewöhnt, ein Mann zu sein, darum frage ich mich selten, wie es mir als Autorin damit ergehen würde, als Schriftstellerin oder Poetin. Würde ich mich durch meine Zugehörigkeit zu einem Geschlecht, das Jahrtausende nichts zu melden hatte, seit einem Jahrhundert ein bisschen und neuerdings alles, nicht auch fragen, warum man bei Bullentransportern noch immer von Mannschaftswagen spricht, obwohl auch Scheißkühe darin zur Demo eilen?

Und was ist mit dem Wort »man« in diesem Satz? Da fehlt zwar ein »n«, aber das kann auch ein Trick sein, gesprochen wird es wie »Mann«. Würde ich als Autorin da nicht auch durchdrehen? Ich weiß es nicht. Aber es ist mir auch egal: Solange ich schreiben kann, wie man immer schrieb, können Frauen auch schreiben, wie frau schreiben will. Schön wärs, wenn daraus ein Spiel wird. Nieman(n)d braucht Krieg zwischen den Geschlechtern. Make love, not war. Eigentlich bin ich noch immer ein Hippie. Und warum verstehe ich dann die Jungen nicht mehr?

Ich hatte mal eine Lesung in Bielefeld. Sie fiel punktgenau auf meinen 66. Geburtstag. Das Publikum stimmte »Happy Birthday« an, nur ein Literaturkritiker unter dreißig sang nicht mit. Er lachte auch nicht mit, als ich, wie immer zu Beginn, meinen Lieblingswitz zum Besten gab. Einerseits, um es mir leicht zu machen, andererseits, weil die Türken auch manchmal recht haben. Wer ein Lachen bringt, der bringt ein Geschenk, sagen sie. Also dann:

Zwei Männer in einer Kneipe. Sagt der eine: »Du, wenn ich dir etwas zeige, was du noch nie gesehen hast, gibst du mir dann einen aus?« Sagt der andere: »Na klar, aber ich muss dich warnen. Ich habe schon sehr, sehr viel in meinem Leben gesehen.« Da greift der erste in seine Jackentasche und holt ein kleines Männchen heraus. Nicht aus Holz, Ton, Plastik oder so, sondern ein echtes kleines Männchen aus Fleisch und Blut mit Anzug, Krawatte und Hut. Er stellt es auf der Theke ab, und das Männchen sagt:

»Wenn ich mich mal kurz vorstellen darf: Mein Name ist Johannes Mario Simmel, und ich geb jetzt ne kleine Thekenlesung, okay?«

Er macht das, und nachdem der kleine Simmel damit fertig ist, wird er wieder in die Jackentasche gesteckt. »Natürlich geb ich dir einen aus«, sagt nun der Verlierer der Wette. »So was habe ich wirklich noch nie gesehen. Aber sag mal, wo hast du *den* denn her?!!« Sagt der andere: »Draußen im Hof liegt eine Flasche mit nem Geist drin. Da hab ich den her.« Der Typ rennt sofort raus, findet die Flasche mit dem Flaschengeist, und kaum hat er seinen Wunsch formuliert, liegen da, rumms, zehn Ferkel auf dem Boden mit Zitronen im

Maul. Der Typ rennt sofort wieder rein, um sich zu beschweren.

»Alter, was ist denn das für ein Flaschengeist? Ich wünsch mir zehn Millionen in kleinen Scheinen und kriege zehn Zitronen in kleinen Schweinen. Ist der schwerhörig, oder was?«

»Na klar ist der schwerhörig«, sagt der andere, »oder hast du wirklich geglaubt, ich hätte mir nen dreißig Zentimeter langen Simmel bestellt?«

Ein paar Tage später las ich in der Kritik des jungen Journalisten, warum er darüber nicht hat lachen können. Ich hätte einen Witz über einen Kollegen gerissen, der sich nicht mehr wehren kann. Ich hätte keine Empathie für Johannes Mario Simmel gehabt. Ich hätte einen Toten diskriminiert. Ich war echt von den Socken. Der hätte ja alles Mögliche kritisieren können: »Der Witz war Mist.« Oder: »Witze sind das Gegenteil von Literatur.« Oder: »Wer Witze erzählt, unterschätzt sein Publikum.« Das wären diskussionswürdige Ansätze gewesen. Aber dass ich mit dem Witz einen toten Dichter, der selbst schallend darüber gelacht hätte, entehrt habe, darauf wäre ich nie gekommen. Liegt das an Bielefeld?

In Hamburg durfte ich auf einem Fortbildungsseminar für angehende Reporter als ehrenamtlicher Gastdozent referieren, und als ich grad so schön im Zuge war, unterbrach man mich. Nicht, weil es ihnen missfiel, was ich sagte, sondern weil ihnen missfiel, wie ich das tat. Meine Hände reden immer mit, meine Füße auch, mein Körper wippt vor und zurück. Ob das denn immer sein müsse, wurde ich gefragt, dieses Rumgezappel. Ob ich nicht auch mal still sitzen könne. Und überhaupt, die langen Haare, der Kapuzenpulli und all das. Wie wärs mal mit Erwachsenwerden, Helge? Das war kein Scherz, das war ihr Ernst. »Ihr redet wie meine Eltern«, sagte ich aufgebracht, »wisst ihr das eigentlich? Und wisst ihr auch, wie das nervt? Ich fühl mich umzingelt von Spießergenerationen.«

Wie kommt das? Warum sind die Achtundsechziger so ganz anders als alle anderen Generationen vor ihnen und nach ihnen? Warum wurde die Innovationkraft unserer Kulturschaffenden nie wieder erreicht? Gibts hier einen neuen Hendrix irgendwo? Oder einen Bob Marley der neuen Zeit? Wer macht sich heute einen Namen für die Ewigkeit?

Bullshit der Alten. Die Lieblingsjahrzehnte der Siebzigjährigen sind immer die, in denen sie voll im Saft waren. Jung sein ist besser als reich sein, machtvolle Hormone sind besser als impotente Macht, Abenteuer sind besser als deren Ruhm und so weiter und so fort, und am Ende schwemmt mich noch die Trauer um die verlorenen Straßen der Jugend fort. Man müsste noch mal siebzehn sein, genauso bescheuert wie damals. Genauso monothematisch moralisch, genauso wild auf Revolution. Genauso im Alleinbesitz der Wahrheit, die da lautet: Jetzt sind wir dran. Wir sind die neue Generation und bestimmen durch die Neuen Medien die neuen Regeln, und wenn ihr da nicht mitmacht, ist der Shitstorm euer Lohn.

So einfach ist das. Und wäre ich heute noch mal siebzehn, würde ich da sicher mitmachen. Und Goethe wegen seiner Schwäche für Zimmermädchen als dirty old Dichter vom Sockel reißen oder ihn zumindest anpinkeln. Den Sockel oder das Denkmalsbein? Kommt drauf an, wie hoch ich den Strahl kriegen kann.

Cancel Culture. Cancel History, warum nicht auch gleich die Zukunft canceln, denn wie die Siebzehnjährigen von 2090 über ihre Siebzigjährigen zu urteilen gedenken, wird bestimmt kein Zuckerschlecken. Retroreligiöse Fanatiker vielleicht. Wer glaubt, dass Geschlechter nichts mit biologischen Gegebenheiten zu tun haben, der kann auch getrost wieder an die jungfräuliche Empfängnis glauben. Und dass Jesus über Wasser ging. Wie alt war der noch mal, als er zu predigen begann? Knapp über dreißig. Glück gehabt. Denn Jesus mag ich. Sein Herz für die Armen, sein gutes Verhältnis zu Huren und dass er auf Hass nicht mit Hass reagierte, was ja auch schlau ist, weil sonst der Hass sicher gewinnt. Und was mache ich hier? Bin ich jetzt auch grad unchristlich unterwegs, weil ich keine Lust verspür, dem Zeitgeist in den Knackarsch zu kriechen?

Ich bin weiß. Ich bin alt. Ich bin ein Mann. Und meine Privilegien habe ich mir verdient. Das Privileg der Jungen ist der Ozean an Leben, den sie noch vor sich haben. Unverdient. Der ist ein Geschenk. Mein Vorschlag zur Güte wäre, dass jeder seine Privilegien genießt und keiner den anderen zuquatscht. Denn dafür habe ich einfach zu wenig Zeit. Die durchschnittliche Lebensdauer des europäischen Mannes beträgt siebenundsiebzig Jahre. Statistisch bleiben mir also nur noch 2555 Tage. Ich schipper vor der anderen Küste des Ozeans. Also salve, ihr neuen Cäsaren! Die Todgeweihten grüßen euch.

5. KAPITEL

In Würde reisen

Ich habe die voll geile Karre von meinem Vater geerbt. Er hatte ja einige Fehler, aber ein Weltklassehändchen für Autos. Er hatte es irgendwann für vierzigtausend Euro einem anderen Rentner abgekauft, und es wohnte bis zu seinem Tod direkt neben der Küche in seinem Haus. An den Wänden der Garage waren Gummi-polster angebracht, falls irgendein Idiot oder er selbst die Fronttüren des Benz mit zu viel Schwung öffnete. Wer nach oben will, fährt BMW, wer oben ist, Merce-des. Aus dieser Welt kommt mein Vater. Ich nicht. Ich hatte mal einen BMW, einen sehr schnellen, aber nur für kurze Zeit. Und es ist auch schon vierzig Jahre her. Davor fuhr ich einen Peugeot 205 und einen Fiat Mittelklasse an der Grenze zum Kleinwagen, und das alles gebraucht. Danach, als der BMW zu Schrott mutierte und bewies, dass alles Leben Wandlung war, hatte ich fast dreißig Jahre kein eigenes Auto mehr. Und ich hab auch keins vermisst. Es gab Flugzeuge, es gab Züge, und in den Städten gab es Taxis, U-Bahnen und meine Füße. Und es gab Mietwagen für den Ausflug ins Grüne. Ich fuhr einen offenen Jaguar in Malibu und sah auch einen Buddha im Porsche, denn gelegentlich gabs ein kostenloses Upgrade des Verleihers, ansonsten mietete ich, was grad da war, es interessierte mich nicht sonderlich, und oft war es ein Opel.

Mein Vater starb an meinem Geburtstag. Was soll man dazu sagen. Er vererbte mir hunderttausend Euro und einen Mercedes E 220 CDI, das ist eine Stufe unter der S-Klasse, aber man merkt es kaum. Sieben Jahre später, also jetzt, ist das Geld ein gescheiterter Traum, aber die Karre steht unten auf der Straße und wartet, dass ich in die Gänge komme. Sie ist Baujahr 2002, ich bin fünfzig Jahre älter, wahrscheinlich überlebt sie mich. Ich bekam sie mit einem Tachostand von rund 100 000 Kilometern, bei mir sind 250 000 daraus geworden. Der Unterschied sind 150 000 Kilometer, das ist knapp viermal um die Welt, wenn man sie durchgehend auf einer geraden Linie umrunden könnte. Viermal um die Welt! Und ich habs fast nicht gemerkt, weil es ein rollendes Wohnzimmer ist, ein Sofa, mit relativ wenig Spritverbrauch. Diesel, um genau zu sein, nicht mehr als sechs Liter für hundert Kilometer, wenn man ihn so fährt wie ich im Alter. Hundertzwanzig auf der Autobahn oder hundertdreißig, manchmal ertappe ich mich auch bei hundert. Früher fuhr ich ambitionierter, mit siebzig macht mir Langsamfahren Spaß.

Der Wagen ist a bissel wie eine rollende Fruchtblase. Sobald ich drinsitze, bin ich in Sicherheit. Und zu Hause. Einmal platzte mir dreißig Kilometer vor Palermo ein Reifen, und das wars auch schon an Pannen. Das Wort kennt mein Benz nicht so recht. Möglicherweise hat jeder Autobauer irgendwann mal ein Modell herausgebracht, das er später bitter bereut hat, weil es so unkapputtbar ist. Das kostet Arbeitsplätze und bremst den Fortschritt. Mein Auto redet nicht mit mir, und es glaubt auch nicht, besser fahren zu können als ich, es korrigiert weder einen unerlaubten Spurwechsel, noch parkt es von selbst ein. Es diffamiert nicht mein Geschlecht. Ein Macho-Mercedes der alten Schule mit einer Charakter-Karosserie. Ich weiß, andere nennen es Beulen.

Die Leute sind schizophren. Sie kaufen sich zwar nagelneue Jeans mit Löchern drin, aber wenn sie an ihrer Karre mal einen Kratzer sehen, werden sie sofort wieder altmodisch. Dabei sind Beulen unsere besten Freunde. Sie machen selbst die teuerste Karre unsichtbar für die Neidgesellschaft und den Autodieb. Ich parkte ihn in Frankfurt und dem Ruhrgebiet, ich parkte ihn sogar grenznah zu Polen und Italien. Palermo, Neapel, Genua, das sind alles keine unschuldigen Namen. Aber egal, wie dunkel die Straßen waren und wie düster die Schatten, niemand wollte meinen Mercedes. Autodiebe reagieren auf eine verbeulte Karosserie wie Zombies auf einen Zombie, das ist doch klar, und wenn dann doch noch ein Oberschlauer einen Blick durchs Seitenfenster wirft, um zu checken, ob wenigstens drinnen etwas zu finden ist, das nicht die Ehre des Diebes befleckt, ja, was wird er dann sehen? Im Jahre 2002 stand der Rentner, von dem mein Vater den Wagen gekauft hatte, vor der Wahl: entweder ein

Autoradio mit CD-Player oder eins mit Kassetten-rekorder. Er entschied sich gegen das neumodische Zeugs.

Und manchmal, wenn ich in meinem Hotelbett-chen lag und auch sonst nichts los war, stellte ich mir vor, wie so ein untergeordneter Fußsoldat irgend-einer Mafia seinem Boss als Beute der Nacht einen Autokassettenrekorder präsentiert. Der wird doch sofort erschossen. Ja, Kassetten waren die Liebes-briefe der Siebziger- und Achtzigerjahre, der Mix für die Dame, der DJ für ihre einsamen Nächte, getrennte Betten und doch vereint in »Wish you were here« und solchen Sachen. Und falls das alles nicht klappte, schob man entweder die Liebeskummer-Spezial-Edi-tion oder das befreiende »Baby-Baby, Balla, Balla« hinterher. Ich bin kein Messie. Ich fand in meinen Überresten der Vergangenheit keine Kassetten mehr, als ich den Benz übernahm. Nur eine, aber sie ver-sammelte die drei besten Rock-'n'-Roll-Gitarristen aller Zeiten bis dato. Rory Gallagher, Stevie Ray Vaughan und Jimi Hendrix, aber von dem nur die Balladen. Sieben Jahre, 150 000 gefahrene Kilometer und eine Kassette. In Würde reisen.

Rory Gallagher war die heilige Stimme des irischen Whiskeys und eine treue Seele. Er spielte dreißig Jahre lang nur auf einer Gitarre, immer nur auf seiner Fen-der Stratocaster, die von den strenggläubigen Katho-liken seiner Heimat als »Phallussymbol des Teufels« gefürchtet wurde. Auch seine Leber war nicht gut auf ihn zu sprechen, ansonsten liebten ihn alle. Die Cream wollten ihn als Lead-Gitarristen, Pink Floyd und die Rolling Stones auch. Alles Engländer und er ein Ire von Charakter. Also nein. Dafür verehrt ihn Irland als Nationalhelden und verewigte ihn auf einer Briefmarke, nachdem ihn der Alkohol umgebracht hatte. Für meinen Benz tut Rory Gallagher Gutes, wenn ich so richtig müde bin.

Stevie Ray Vaughan war ne ganz ähnliche Nummer, nur auf texanisch. Cowboyhut, Indianerfransen an der Lederjacke, Fender Stratocaster. Auch er spielte sich nie warm, sondern vom ersten Ton an, als hätte er einen Finger in der Steckdose. Auch er wurde in seinen Anfängerjahren von den Superstars seiner Zeit erfolglos umworben, in seinem Fall von David Bowie, auch er bekam ein Denkmal in seiner Heimatstadt, aber keine Briefmarke, dafür erklärte der Bundesstaat Texas den 3. Oktober zum »Stevie Ray Vaughan Day«, auch er nahm zu viel Drogen und schüttete Whiskey wie Wasser in sich rein, auch er starb viel zu früh, aber anders als Gallagher und Hendrix nicht an den Folgen seiner Exzesse, sondern ein Hubschrauber stürzte ab, in dem er eigentlich gar nicht sitzen sollte.

Stevie Ray Vaughan gilt als schwärzester aller weißen Bluesgitarristen, und seine Coverversion von Hendrix' »Little Wing« ist eigentlich besser als das Original. Ich habe für diese fast gotteslästerliche Einschätzung immerhin beide über tausendmal im Benz gehört. Und Jimmy Hendrix muss man wirklich nicht weiter erklären, der ist zu Recht so bekannt wie Mozart, so genial und noch dazu so bescheiden. Als er mal gefragt wurde, wie es sich anfühle, der beste Gitarrist der Welt zu sein, antwortete er: »Keine Ahnung, aber frag doch mal Rory Gallagher.« Von Hendrix, ich sagte es schon, sind nur die Balladen auf der Kassette, die mag ich mehr als seine schnellen Stücke und singe sie auch gerne mit. Das Singen unter der Dusche wird ganz klar überschätzt, im Auto wird viel mehr gesungen. »Hey Joe, where do you go with the Benz in your hand?« oder »The wind cries Mercedes« oder so.

Jimi erstickte mit achtundzwanzig an seinem Erbrochenen, Stevie stürzte mit sechsunddreißig ab, Rory Gallaghers irische Leber schaffte es immerhin bis zu seinem achtundvierzigsten Lebensjahr, nur ich werde langsam zum Methusalem, was gar nicht sein muss. Es war nie mein Plan, uralt zu werden, auch jetzt ist er es nicht, ab siebzig ist für mich jeder Tag ein guter, um zu sterben, weil ich doch schon so viel erlebt habe. So hörte ich mich ziemlich oft reden, wenn mich jemand nach meiner Angst vor dem Tod befragte.

Im letzten Winter dann fuhr ich mit meinem Benz mal in ein richtiges Scheißwetter. Ich wusste es vorher, aber ich ahnte nicht, wie scheiße es wirklich werden würde. Außerdem zwang mich die Kombination von unaufschiebbaren Terminen und Corona auf eine Route, die im Winter als recht anspruchsvoll gilt. Vor allem nachts. Das bescheuerte Timing ging natürlich auf meine Kappe, ich hätte ja früher losfahren können. Hätte, hätte, Fahrradkette, außerdem fahre ich gern nachts, dann sind die Straßen frei. Und ich gehe ohnehin selten vor vier Uhr morgens ins Bett. Von Wien nach St. Gallen brauche ich um die zehn Stunden, wenn ich die Route über München nehme, und fahre ich die landschaftlich reizvollere Alternative über Innsbruck und Bregenz, wirds ne Stunde länger. Beide Routen sind reine Autobahnstrecken und haben noch eins gemeinsam. Eine deutsche Grenze im Lockdown. Ich hatte weder einen negativen PCR-Test noch Bock auf einen Grenzstau und entschloss mich deshalb, bis zur Schweiz in Österreich zu bleiben, was durchaus machbar ist, aber es geht dann halt über die Land- und Bergstraßen von Tirol. Für die war teils heftiger Schneefall und extreme Glatteisgefahr angesagt.

Ich redete mir das schön. Die Österreicher sind Schisser. Sie übertreiben gern die Gefahren, außerdem war mein Benz eine rollende Festung gegen jegliches Wetter. Bisher. Und bis Salzburg blieb es auch so, die A1 war schneefrei, die A10, auf die ich kurz vor der deutschen Grenze Richtung Tauerntunnel abbog, ebenso, und nachdem ich ab Bischofshofen die Autobahn verlassen hatte und auf der Bundesstraße nach Zell am See weiterbrummte, war ich wieder mal von meiner Kenntnis der österreichischen Mentalität recht angetan. Ein paar Schneeflöckchen hier und da, wenig Verkehr. An einer geschlossenen Tankstelle packte ich meinen Picknickkorb aus, denn die Gastronomie gab es dank Corona nicht mehr. Uhrzeit: so gegen 23 Uhr, Temperatur: so minus 6. Zwischen Zell am See und Mittersill schneite es ein bisschen mehr, aber extrem war das alles keineswegs, erst als es die Serpentinen zum Pass Thurn hochging, sah ich nun keine anderen Verkehrsteilnehmer mehr, und die Straße war durchgehend ganz leicht schneebedeckt. Kurz vor der Passhöhe der erste Schreck der Nacht. Der Wagen rutschte kurz weg, und am Armaturenbrett leuchtete ein gelbes Lämpchen auf, das ich noch nie gesehen hatte. Es zeigt an, wenn mindestens eines der Räder keine Bodenhaftung mehr hat.

Glatteis!

Zum ersten Mal seit sieben Jahren. Zum ersten Mal Kontrollverlust, zum ersten Mal ein heißer Panikschuss am nutzlos gewordenen Lenkrad. Und gleich wieder Schluss. Was blieb, war, dass ich keiner Kurve mehr über den Weg traute, und davon gab es genug. Alles andere dagegen gab es nicht mehr. Das spektakuläre Panorama der Hohen Tauern hatte die Nacht verschluckt, den Wald am Straßenrand ebenso, ich sah in den Lichtkegeln meiner Scheinwerfer nur noch die jeweils nächsten zwanzig Meter einer Albino-Asphalt-Schlange ohne jedes Zement-Pigment und verkrampfte mich schon mal für das, was noch kommen mochte. Außerdem beschäftigte mich die Frage, wie es denn weitergehen soll, wenn hier oben bei mittlerweile 9 Grad minus um Mitternacht ein Graben oder ein Baum den Benz nachhaltig stoppt. So weit die Füße tragen bis Kitzbühel? Und gibt es hier Wölfe? Offene Hotels gab es nicht. Österreich hatte nicht nur die Lokale, sondern auch alle Beherbergungsbetriebe wegen des Scheißvirus aus Wuhan dichtgemacht. Die Zeit, in der es kein Schwein in Tirol interessierte, ob in China ein Sack Reis oder ein Mensch umfällt, war definitiv vorbei.

Bis Kitzbühel leuchtete das gelbe Lämpchen neben dem Tacho noch sechs- oder siebenmal auf, und jedes Mal verabschiedete sich das Feuilleton abrupt aus meinem Vokabular. »Scheiße« oder »Fuck«, viel größer war mein Wortschatz nicht mehr, und wenn es noch eine Hoffnung gab, dann die, dass es ja bald wieder bergab geht und dann alles gut wird, denn unten im Inntal wartete die A12 auf mich, die Autobahnzivilisation mit der Bruderschaft der Straße, sowie das geile Geradeausfahr-Gefühl, und aus irgendeinem Grund glaubte ich sogar, dass es unten weniger schneit als oben. Frau Holle lachte sich derweil ins Fäustchen. Und ja, es ging bald wieder abwärts, und nein, der Schneefall wurde nicht lichter, im Gegenteil, er fiel immer dichter, es schien, dass der Berg, den ich überquert hatte, wie eine Wettergrenze funktionierte. Alles vorher war Frau Holles Pipikram, alles nachher gehörte von der Polizei verboten, aber die saß vermutlich in ihrer warmen Stube am Ofen, und als ich endlich, endlich bei Wörgl auf die Autobahn kam, war mir, als wäre ich nach Sibirien abgebogen.

Im Windkanal des Inntals wurde der Schneefall zum Schneesturm. Ich sah nun wirklich nicht mehr viel. Nicht die Spurmarkierungen, nicht den Seitenstreifen und auch nicht die Linie, die die Richtungen trennt. Ich wusste nicht, ob ich auf der rechten Spur fuhr oder auf der linken oder schon auf keiner mehr, sondern auf einer Wiese daneben. Ich sah auch keine anderen Bekloppten, ich schien der Einzige zu sein, der hier unterwegs war, und manchmal glaubte ich gar, ich hätte was verpasst und die Autobahn sei gesperrt. Ich fuhr nur noch vierzig oder dreißig, aber fahren ist dafür eigentlich das falsche Wort. Die Glatteis-Warnlampe im Cockpit flackerte wie ein Discolicht, synchron dazu spielten die Nerven verrückt, und als der Benz zum ersten Mal nicht nur wegrutschte, sondern sich auch zu drehen begann und die Motorhaube nach rechts, der Kofferraum nach links und mein Seitenfenster nach vorne zeigte, vergaß ich gänzlich, dass ich ja eigentlich keine Angst vorm Tod habe.

Ich fragte einmal einen berühmten deutschen Abenteurer, welchen Tod er für den gnädigsten hielt. »Kopfschuss von hinten, ohne Vorwarnung«, antwortete Rüdiger Nehberg. Aber das ist natürlich Geschmackssache. Meine Mutter verstarb im Fernsehsessel, und das Letzte, was sie von dieser Welt sah, war *Shopping Queen*. Die Sitze in der Mercedes E-Klasse sind mindestens so bequem wie Fernsehsessel, aber das Programm in den Panorama-Fensterscheiben war grad definitiv a bisserl zu interaktiv, um darin nur einen spannenden Katastrophenfilm zu sehen, mit dem ich nichts tun hatte. Hinter mir tauchten zwei Lichter auf, die größer und größer wurden, und wenn der Fahrer dahinter in dem Schneetreiben vor sich so wenig sah wie ich, konnte ich mir eine ganze Reihe von Unfallmöglichkeiten vorstellen, und die wenigsten hatten mit einem gnädigen Tod zu tun. Eingeklemmt, aber bei vollem Bewusstsein in einem brennenden Wrack? Oder man überlebt, aber ohne Gesicht?

Mein Benz ist ein Raucherwagen. Und ich konnte auch sicher eine Zigarette vertragen, nachdem es noch mal gut ausgegangen war, aber ich traute mich einfach nicht mehr, eine Hand vom Lenkrad zu nehmen, obwohl das wahrscheinlich keinen Unterschied gemacht hätte. Das Glatteis lenkt, der Mensch denkt. Und was denkt er? Wann kommt endlich der nächste Scheiß-Rastplatz. Was denkt er noch? Wann kommt endlich der nächste Scheiß-Rastplatz. Und was denkt er außerdem? Wann kommt endlich der nächste Scheiß-Rast-platz? Und was denkt er auf dem Rastplatz?

Auf dem Rastplatz standen drei Schneehügel, in denen die Grundformen von Pkws erkennbar waren. Ich saß in meinem und ließ mich ebenfalls langsam unter dem Schnee begraben. Ich hatte gepinkelt, einen Kaffee aus dem Automaten gezogen, eine Zigarette geraucht und ruhte mich nun ein bisschen aus. Den Motor ließ ich laufen, damit es warm blieb, mein schlechtes Feinstaub-Gewissen degradierte ich angesichts der Umstände zum Luxusproblem. Der Tank war noch zu einem Drittel gefüllt, und es war gegen 3.30 Uhr. Wie lang reicht das im Leerlauf? Bis es hell wird? Und wie lange schneits noch? Zwei Tage etwa, hatte der Wetterbericht prophezeit. Und in dieser Nacht fings erst an. Es war ein Rastplatz, keine Rast-stätte. Außer dem stinkenden Toilettenhäuschen gab es hier nichts. Zum Überwintern wäre die nächste Autobahntankstelle geeigneter. Das sind noch zehn Kilometer, vielleicht zwölf, aber lass es ruhig zwanzig sein, das schaffst du, reine Nervensache, und meine Nerven hatten sich mittlerweile beruhigt. Also, was machst du? Hierbleiben, einen Joint rauchen, den Fernsehsessel in Liegeposition bringen und das Ganze mal genießen? Oder *just another coffee for the road?*

Es wurde eine *road to hell*, Teil 2, daraus. Kaum hatte ich den Rastplatz verlassen – und mit »kaum« meine ich so gefühlte fünfzig, maximal hundert Meter –, bereute ich meine Entscheidung schwer. Alles war sofort wieder wie vorher. Der Blindflug durch das Schneegestöber, das Wegrutschen, das Abdrehen, das Adrenalinbad, der ganze Kampf ums nackte Überleben war mit einem Schlag wieder da, dazu gesellte sich die Fassungslosigkeit über meine Bescheuertheit. Was hatte ich denn erwartet? Baute ich auf Kausalzusammenhänge oder auf Kaffeesatz? Wenn vor einer halben Stunde auf der Autobahn die weiße Hölle vom Himmel runtergekommen und es auf dem Rastplatz auch so weitergegangen war, warum sollte es dann jetzt auf der *road to hell* auch nur einen Deut besser sein? Und wie lang werden zwanzig Kilometer auf Glatteis? Wieder formulierte sich angesichts des jederzeit möglichen größten anzunehmenden Unfalls nur noch ein Gedanke, eine Frage, die letzte vor Gott, wenn ich an Gott glauben würde, aber es gibt Augenblicke, da täte ich es gern, und dieser Augenblick, wie gleich auch der nächste und der nächste Rutsch- oder Drehmoment war gekommen, und ich fragte quasi im Minutentakt Gott, die Götter, Buddha, Brahma, Manitou und wen ich sonst noch dem Namen nach kannte: »Wann kommt endlich die nächste Scheiß-Tanke?«

An der nächsten Scheiß-Tanke musste ich schon wieder als Erstes ganz schnell zur Toilette, auch so ein Altersthema, das man ungern ansprechen will. In Würde pinkeln? Und immer im letzten Moment? Der Fluss des Lebens hat viele Nebenflüsse. Man gewöhnt sich dran, aber es erwischt mich doch recht häufig unpassend. In Talkshows zum Beispiel, wenn ich als Letzter drankam. Ich habe mir nie in die Hose gemacht, aber mein Fokus war verrückt. Es ging nicht mehr darum, ein Millionenpublikum zu unterhalten, sondern nur noch um die Kunst, sich dabei nicht einzunässen. Im Benz wäre das nicht ganz so peinlich, dafür vitalisiert die Dauervibration der Autobahn die altersschwache Blase in einer Weise, die auch ganz schön lästig werden kann. Auch bei normalem Wetter. Aber wenn plötzlich Sibirien ausgebrochen ist und du nicht weißt, auf welcher Spur du bist, dann weißt du auch nicht, auf welcher Spur du anhältst, aussteigst und den Schnee einnässt. Doch wieder erlöste mich ein rettendes Pissoir, bevor der Countdown ausgezählt war, und danach genoss ich den Tankstellenshop. Er war warm, schneefrei und voller Schokolade. Leider durfte ich nicht verweilen. Draußen Schneesturm, drinnen Corona-Alarm. Ich nahm zwei Bountys mit zum Benz.

Um vier Uhr morgens und mittlerweile seit zwölf Stunden unterwegs, davon sechs hyperkonzentriert, machte ich ein bisschen die Augen zu, um sie bei Tagesanbruch wieder aufzumachen, aber ich konnte nicht schlafen oder träumte vielleicht auch nur, dass ich nicht schlafen konnte, und stieg kurz vor fünf wieder aus dem Wagen, um die Lage zu checken. Zwei orangefarbene Blinklichter fuhren über die Autobahn. Ein Schneeräumfahrzeug, in meiner Richtung unterwegs. Ich fuhr auf der Stelle los, um mich an ihn dranzuhängen, vielleicht sogar bis Innsbruck, vielleicht sogar darüber hinaus, und wenn nicht, werden andere Schneeräumer ihn ablösen, denn der Berufsverkehr naht. Ein guter Plan, der alsbald scheiterte, denn schon auf der Raststätten-Ausfahrt blieb der Benz im Schnee stecken. Die hintere Hälfte in relativer Sicherheit, aber die vordere stand bereits auf dem Seitenstreifen der Autobahn. Juhu, endlich Frühsport, aber zügig. Noch immer gönnte der Schneesturm hier niemandem mehr als zwanzig Meter Sicht, und das war kein guter Parkplatz.

Ich lief nicht zur Tankstelle zurück, um die Schneeschaufel zu holen, die ich dort gesehen hatte, sondern räumte mit meinem kleinen gelben Handkratzer auf den Knien den Schnee vor den Reifen in Windeseile weg, fuhr wieder an und kam auch weiter, etwa einen Meter, dann steckte ich noch näher an der Fahrbahn fest. Jetzt holte ich die Schneeschaufel und fühlte mich alsbald erfrischt. Zuerst schaufelte ich alles unter dem Wagen weg, dann ein gutes Stück dahinter, falls ich Anlauf nehmen musste, und das Prachtstück wurde eine Bahn, die sich, an den Vorderrädern beginnend, gut drei Meter weit in den Schnee hineinfraß. So breit wie der Benz und als sanfte Kurve angelegt. Ich war richtig stolz auf sie. Und wäre nicht ein dicker Rumäne aufgetaucht, der die Schneeschaufel für seinen Lkw brauchte, hätte ich meine Musterbahn wahrscheinlich noch planiert. Der Benz dankte es mit einem tadellosen Start. Ich war *on the road again*.

Der Rumäne von vorhin war nicht der einzige Brummifahrer, der geschaufelt hatte. Der Schwerverkehr erwachte. Lkws trieben mich vor sich her oder überholten mich, und ich wusste nicht, was mich nervöser machte: ihre Lichthupen in meinem Nacken oder ihre Überholmanöver im Schneegestöber. Anfangs waren es nicht viele, aber schnell wurden es mehr, bis endlich die Fahrspur neben mir ein einziges Band von Schwertransportern wurde. Wieso rutschen die eigentlich nicht weg? Weil sie so schwer sind? Und wenn sie es doch tun? Was passiert dann?

Aber es gab auch gute Entwicklungen, denn es wurde heller, und die Tunnel begannen.

Die Inntalautobahn zwischen Innsbruck und Bregenz ist reich an Tunneln, bei gutem Wetter zu reich, da frustriert mich jeder Tunnel, weil er mir die Aussicht auf die Heimat der Berge und Seen nimmt, aber als fünfzig Zentimeter Schnee pro Stunde vom Himmel fielen, verkehrte sich mein negatives Tunnelgefühl in sein Gegenteil. Schon im ersten Tunnel regte mich die Rückkehr zu normalen Sicht- und Fahrverhältnissen zu einem spontanen Lobgesang im Benz an. »Ich liebe Tunnel. Ich liebe Tunnel. Ich *liebe* Tunnel.«

Mal waren sie drei, mal fünf Kilometer lang und mal auch länger, und jedes Mal wiederholte ich den Lobgesang, mittlerweile dreisprachig. Und weil ich wusste, was noch vor mir lag, freute ich mich auf den längsten Straßentunnel Österreichs. Ein Jahrhundertwerk, vierzehn Kilometer lang, von vierzehnhundert Männern durch den Berg gehauen, der Tirol von Vorarlberg trennt. Vierzehn Arbeiter kamen dabei ums Leben, das entsprach dem durchschnittlichen Verlust an Menschenleben im Tunnelbau vor fünfzig Jahren. Faustformel der Branche: pro Kilometer ein Toter. Ihr Opfer sollte nicht umsonst gewesen sein, sobald ich im Arlbergtunnel war, begann ich wieder zu singen: »Ich liebe Tunnel. I love tunnels. J'aime les tunnels.«

6. KAPITEL

Mit Bart

Der Bart ist unser Freund. Wenn wir jung sind, macht er uns älter, weil er dem Milchgesicht Respektabilität verleiht, und im Alter verdeckt er Falten und die schlaffe Haut. Nur in den mittleren Jahren ist die Wahrheit der Glattrasur ohne Wagnis. Und aus dieser Periode bin ich langsam heraus. Siebzig mag das neue sechzig sein, aber das ewige vierzig ist es noch nicht. In meinen Jahren hat ein Mann deshalb nur zwei Möglichkeiten, sich ohne ästhetische Chirurgie zu verjüngen: Entweder er schminkt sich wie Mutti, oder er rasiert sich nicht, wie ich.

Das Mutti-Make-up des Mannes hat gleich zwei Nachteile. Niemand glaubt dem Siebzigjährigen die glatte Haut. Und sie ist nicht nachhaltig. Irgendwann wird abgeschminkt, und selbst wenn er allein wohnt und allein ins Bett geht, schützt ihn das nicht vor dem Schreckgespenst, das im Spiegel auf ihn lauert. Nur der Bart umgeht die täglichen Ohrfeigen der Realität, allerdings steckt dabei der Teufel im Detail. Millimeter entscheiden über Jahre, Zentimeter über Jahrzehnte. Der Dreitagebart ist mittlerweile zu durchsichtig, und das Zweimonatsgestrüpp lässt vorzeitig vergreisen. »Vergreisen« ist natürlich ein böses Wort. Besser wäre der Hinweis auf das biblische Alter, weil da Weisheit und Wissen mitschwingen. Aber so alt bin ich noch nicht. Und werde es vielleicht auch nie. Die Krux am weisen Bart ist ja, dass die Augen mitspielen müssen. Liegt der Friede mit dem Schicksal in ihnen, das Lachen über sich selbst und ein bisschen Liebe für den Rest der Welt, ist alles in Butter, aber der unsichere, verängstigte, Hilfe erheischende Blick verleiht einem in Kombination mit dem zu langen Bart dann ganz schnell die Außenwirkung eines Penners.

Zweiunddreißig Zentimeter, das ist der Stand der Dinge nach zwei Monaten ungestutzten Wachstums. Das ist mir eigentlich zu lang, aber es passiert manchmal. Gewöhnlich in der Klausur mit einem Buch, manchmal wegen Pandemien, und es gibt auch Zeiten, da will ich es wissen: Wie komme ich als Gandalf der Graue rüber oder als alter Schwede, also Wikinger? Der Bart als Schildwall! Oder der Bart als Schoßhund. Auch das ist eine Option. Kraulaktiv oder meinungsstark. Dazu sei gesagt, Mann ist so Bart, wie Mann sich fühlt. Ich ging heute in der Stadt spazieren. Die Sonne schien, die Mädchen verströmten Flirtparfüm, und zwei von ihnen schenkten mir Blicke, denen ich nicht so recht glauben konnte. Eine im Vorübergehen, die andere blieb sogar zwei Meter vor mir stehen, damit sie mal in Ruhe auf ihr Handy und ich auf ihren Knackarsch sehen konnte. Danach verschwand sie über den Zebrastreifen, und ich fragte mich mit meinem Silberrückengesicht: Soll ich, oder soll ich nicht?

Ich fragte mich das schon seit Tagen. Mal eine Total-rasur zu wagen. Die letzte war vor was weiß ich wie vielen Jahren. Und sie hatte mir so wenig gefallen, dass jeder Tag ein guter wurde, nur weil das Barthaar einen halben Millimeter nachwuchs. Damals war es Neugierde, heute treibt mich ehrenwerte Professio-nalität, denn wer über den Bart als Make-up schreibt, muss unbedingt auch mal ungeschminkt das Thema recherchieren.

Heute traf ich im Garten meine Vermieterin. Sie ist wunderschön und dreißig Jahre jünger als ich. Wir hatten uns schon länger nicht gesehen, denn sie wohnt ganz oben und ich ganz unten, außerdem leben wir in verschiedenen Zeitzonen, der frühe Vogel und die Nachteule, aber nachmittags passiert's schon manch-mal, dass wir uns im Garten über den Weg laufen oder vor der Garage oder so, und weil das nun schon län-ger nicht passiert war und sie außerdem stilsicher ist, ohne dabei die Torheit zu begehen, Mode über Ästhe-tik zu stellen, konnte ich ihren Rat brauchen.

»Ist der Bart zu lang?«, fragte ich.

»Nein«, sagte meine Vermieterin.

Dann schaute sie noch mal fokussierter hin und wiederholte sich.

»Nein, der Bart ist cool.«

Uncool werden, leicht gemacht. Ein Barbier ist in jeder Nachbarschaft. Ich wäre in fünf Minuten da. Was mich zurückhält, ist ein Witz. Ein Cowboy reitet zum Frisiersalon, und als er wieder rauskommt, ist sein Pony weg. Haha, und was sehe ich dann? Tibetischen Lamas wird nachgesagt, dass sie im Gesicht eines Toten sein ganzes Leben nachlesen können. Nicht im Detail, aber im Wesentlichen. Ob es ein gutes oder ein böses war, ein glückliches oder leidendes, ein mutiges oder ein feiges, solche Sachen. Ich bin noch nicht tot, ich bin noch kein Greis, aber mit siebzig wird das Buch in meinem Gesicht recht fortgeschritten sein, vorletztes Kapitel, vielleicht drittletztes, wer weiß! Jede Falte erzählt Geschichtenserien in den klassischen Genres: Komödie, Tragödie, True Crime, es gibt Falten fürs schlechte Gewissen, Falten für gebrochene Herzen, Falten fürs Verlieren und Falten fürs Gewinnen, das sind die IQ-Qual-Falten an der Stirn, und die Falten kenne ich, die brauch ich nicht freizurasieren, um sie lesen zu können. Ich bin kein Affe. Auch die Faltenfächer an den Augen laden ein zur täglichen Lektüre. Aber meine Mundwinkel habe ich jahrelang nicht mehr gesehen. Gehen sie nach oben oder nach unten?

Ich rasiere mich nie selbst. Der Orient hats mir abgewöhnt, und das ist lange her. Von Marrakesch bis Mumbai wird die Rasur zu einer Gesamt-Gesicht-Erfrischungsaktion mit Wangen-, Stirn-, Kopf-, und Schultermassagen, Alkohol für die Haut und Kaffee fürs Gehirn. Der Barbier ist deshalb ein guter Platz, um ein zweites Mal aufzuwachen. St. Gallen ist nicht der klassische Orient, aber Türken gibts überall, Syrer mittlerweile auch, und sie haben es alle drauf. Doch je mehr ich übers Abrasieren schreibe, desto besser gefällt mir der Vollbart. Die Dominanz, die Wucht, die Würde. Ich hab den Scheiß im Internet auf Hipster-

Seiten gelesen. Statements setzen. Der Bart als Marke. Der Bart als Visitenkarte. Der Henriquatre-Bart, der rund um den Mund wie ein Wappenschild aussieht, wurde von Heinrich IV. am französischen Königshof eingeführt und signalisiert: »Ich pinkle im Sitzen.« Der Kaiser-Wilhelm-Backenbart verspricht das Gegenteil, und der Fu-Manchu-Bart, mit seiner Kombination aus einem geraden Schnurrbart und zwei senkrechten vertikalen Streifen, geht auf den Hunnen Attila zurück und wird heutzutage von Zuhältern favorisiert. Nach meinem Hipster-Blog-Studium weiß ich nun auch endlich, was den Mädchen in der Stadt an meinem Vollbart so gefallen hat, nämlich »die knallharte Aura des Abenteurers«. Und es fällt mir immer schwerer, die einfach so abzurasieren, denn es gibt viele gute Gründe für den Bart und nur einen dagegen. Er ist in Mode.

Meine Verachtung der Mode muss etwas Persönliches sein, rational ist sie nicht. Man verachtet ja auch nicht die Oberfläche der Tiefe. Warum sollte man das tun? Wenn die Hipster sagen, dass die glatt rasierten Backen und definierten Linien eines Hollywoodian die Wildheit des Vollbarts mit der Dressiertheit eines modernen Gentlemans versöhnt, dann wurzelt diese Analyse doch immerhin in den wissenschaftlichen Fakultäten Anthropologie und Soziologie, Oberbegriff Bartologie, und damit nicht auch noch die Zoologie und Virologie hinzukommen, braucht man Bartkämme, Bartshampoos, Bartöle und überhaupt viel Pflege. Niemand küsst gern Essensreste oder was die Nase hergab.

Eine neue Idee übermannt mich. Die Glattrasur

bleibt das Ziel, aber vorher probier ich ein paar Bart-typen aus, die vom Vollbart ausgehend hintereinander möglich sind, ohne dass zwischendurch etwas nach-wachsen müsste. Ein dreistufiger Rückbau. Ich könnte mit dem Zuhälterbart Fu Manchu beginnen oder mit einem Jack Sparrow, der mir mit einem Moustache und einem geflochtenen Kinnbart den Fluch der Ka-ribik ins Gesicht malt. Die nächste Rasierstufe wäre dann der Oberlippenbart, und vor dem totalen Kahl-schlag ist immerhin noch der Hitlerschnauzer drin. Für ein seriöses Psychogramm sollte ich jeden dieser Bärte mindestens einen Tag stehen lassen. Heute Pirat, morgen Beamter, übermorgen Monster und dann erst die nackte Wahrheit. Ein mutiger Plan. Ein Schrift-steller geht an seine Grenzen. Neuer Tag. Neuer Plan. Scheiß drauf, das knallharte Abenteuer bleibt dran.

7. KAPITEL

Ohne Eltern

Nach dem Tod meiner Eltern rückte ich auf dem Fließband zum Sensenmann an die erste Stelle. Der Nächste bitte. Allein das fühlt sich hin und wieder komisch an. Noch komischer wird dieses Gefühl, wenn ich meinen Vater in seinem Sterbebett vor mir sehe. Ein Gitterbett. Damit er nicht aufstehen und sich was brechen konnte. Von dem Mann, wie ich ihn kannte, war alles weg. Die Kraft, die Dominanz, die Selbstbestimmtheit, der Überlebenswille, alles, auch das Fett. Und zwischen den eingefallenen Backen fand ich sein Gesicht nicht mehr. Seinen Geist. Seine Persönlichkeit. Alles war einfach weg. Und in seinen Augen lag der Schrecken vor dem letzten Gericht. Was heißt vor? Er war mittendrin.

Es verhandelte seit Wochen. Erinnerungen quälten ihn. »Ich habe viel Böses getan«, sagte er mehr als einmal zu mir. Seitdem weiß ich, dass das letzte Gericht nicht der Tod, sondern das Sterben ist. Und noch etwas wurde mir bewusst. Er war siebenundachtzig und ich zweiundsechzig. Und ich sah mich in dem Gitterbett. In fünfundzwanzig Jahren. Das kann selbstverständlich auch früher oder später passieren, aber wenn ich ebenfalls an Altersschwäche dahinsiechen sollte, denn sonst hatte er nichts, werde ich irgendwann wie er da liegen, und dieses Irgendwann ist nicht mehr das Irgendwann aus der Sicht meiner mittleren Jahre und schon gar nicht aus der meiner Jugend. Es war weniger theoretisch geworden, als ich meinen Vater drei Monate lang im Altersheim sterben sah.

Das Ende verpasste ich. Und doch auch wieder nicht. Ich bekam es dreihundert Kilometer von ihm entfernt in einem Hotelbett mit. Ich lag im Halbschlaf oder auch im Tiefschlaf, das konnte ich später nicht mehr genau definieren. Ich spürte nur, dass mich ein Sog irgendwo hinzog, wo ich auf keinen Fall sein wollte. Es war wie untergehen, wie ersticken, ich bäumte mich dagegen auf, versuchte den Kopf zu heben, den Oberkörper, es gelang nur ein bisschen, dann fiel ich wieder zurück. Ich röchelte, rang nach Atem, richtete mich wieder ein Stück auf, fiel wieder zurück, es fühlte sich an wie Hände, die aus einem schwarzen Loch nach mir gegriffen hatten und nicht loslassen wollten. Ich rang mit ihnen, ich kämpfte gegen sie, aber ohne Kraft, und obwohl das alles in einem normalen Hotel geschah, einem meiner Lieblingshotels sogar, glaubte ich, in einem Gitterbett zu liegen. Panik, Gott sei Dank. Sie wirkte wie eine Adrenalinspritze. Ich riss mich los und hoch und saß nun aufrecht da. Schweißgebadet, zitternd und verwirrt, aber es war vorbei. Am nächsten Morgen rief mich mein Bruder aus dem Altersheim an und sagte, dass unser Vater in der Nacht von uns gegangen sei.

Ich muss dazu unbedingt noch sagen, dass mein Vater und ich eigentlich nie ein Herz und eine Seele waren. Trotzdem schien der Apfel nicht weit vom Stamm gefallen zu sein, denn seine Klamotten passten mir fast perfekt. Nach seinem Tod gehörte mir sein Kleiderschrank, und ich lief etwa ein Jahr lang in seinen Hemden, Hosen, Anzügen, Mänteln und Wind-und-Wetter-Jacken durch die Welt, obwohl ich mein Leben lang geglaubt hatte, dass mir sein Stil zuwider sei. Zu konservativ, zu bürgerlich, zu alles, was ich blöd fand. Ich bemerkte erst jetzt, dass er einen guten Geschmack hatte. Außerdem fühlte ich mich, ja, ich muss schon sagen, beschützt in seiner Garderobe, und gleichzeitig ehrte, achtete und liebte ich ihn, wenn ich sie trug, und empfand das als eine gute Situation für uns beide. So wie es sein sollte zwischen Vater und Sohn, es aber nie vorher gewesen war. Meine Freunde wiesen mich zwar mehr als einmal dezent darauf hin, dass das alles ein bisschen zu groß und zu weit für mich war, aber es kümmerte mich nicht. Selbst ihre Reaktion auf die Trachtenjacken meines Vaters ignorierte ich. Bayerische Trachten. Feinstes Leder. Irgendeinem Hirsch abgezogen. Und das als Vegetarier. Irgendwann hörte ich damit wieder auf, nur seine Hemden trage ich noch, weil sie qualitativ zu gut sind, um es nicht zu tun, aber der Spuk mit den staatsmännischen Anzügen und der Jägertracht verschwand wie ein Schlottergespenst und tauchte nie wieder auf. Trotzdem verließ er mich nicht. Bis heute fällt mir immer wieder mit einigem Schrecken auf, dass meine

Mimik, mein Tonfall und nicht zuletzt meine Wort-
wahl die seinen sind. Nicht durchgehend, nur in bestimmten emotionalen Lagen rede und seufze ich wie
er und sitze auch wie er im Sessel. Denke ich jetzt auch
wie er? Manchmal will es mir so scheinen.

Ich fand neulich in einem meiner alten Tagebücher
eine Eintragung vom 13. Juni 1985. Sie beschreibt einen
Traum, aus dem ich in Kurdistan erwachte. Wieder
mal auf dem Weg nach Indien, war ich im Bus eingeschlafen, und was mein Unterbewusstsein sich dabei
erlaubt hatte, verschlug mir fünfunddreißig Jahre später den Atem. Den Traum hatte ich total vergessen.

*Da war meine Mutter in roter Wäsche und eine zweite
Frau in schwarzer. Dann wurde mein Vater aggressiv, und
ich sagte ihm mit eisiger Kälte und türkischer Härte: Eines
musst du dir abgewöhnen. Absolut total abgewöhnen! Er
kam auf mich zu, hob die Hand zum Schlag. Ich sagte noch
einmal: Diese totale Aggressivität, die musst du dir abgewöhnen! Da waren seine Augen ganz nahe an meinen, und
ich sah in Augen voller Wut und Hass.*

So also stand es um uns in den alten Tagen. Und nun
ist er in mir oder wie? Und ich finde das auch noch
gut? Was er da in mir denkt, fühlt und tut. Ich war nie
geizig, er immer, jetzt bin ich es auch. Und vorsor-
gend wie er bin ich ebenfalls geworden, sogar seinen
Geschäftssinn habe ich nach seinem Tod übernommen, leider zu spät, und schon höre ich ihn in mir
sagen: »Es ist nie zu spät, Bengel, aber auch nie zu
früh, damit anzufangen.«

Also, was ist da los?

Eine Antwort darauf hätte ich durchaus. Sie ist leider so unwissenschaftlich wie unheimlich. Gleich nach seiner Beerdigung fuhr ich zu seinem Haus und ging in seinen Garten. Es war bereits Abend, und mein Plan war es, allein und für eine Zigarettenlänge in die Sterne über dem Emsland zu schauen. Und mein Vater, den ich gerade beerdigt hatte, berührte mich am Arm. Ohne Scheiß, ich war ganz sicher, dass er es war. Eine Berührung, wie ein ganz leichter Stromschlag. Ich kann nur hoffen, dass ich spinne, denn wenn nicht, müsste ich mir über vieles mehr Gedanken machen. Weil es dann stimmt, was mehr oder weniger alle Ammenmärchen erzählen. Dass es Seelen gibt und dass sie wandern. Entweder in die Dunkelheit oder ins Licht. Früher glaubte ich ganz fest daran, später ganz fest nicht mehr. Was ich beruhigend fand. Wenn der Tod der Tod ist und das Nichts danach das Nichts, gibt es weniger offene Fragen, und ich find mich besser zurecht. Ein materielles Weltbild ist übersichtlicher als ein spirituelles. Außerdem: Wenn der Tod absolut ist, dann ist es auch das Leben. Dann gibt es nur das für mich, denn wenn es dann zu Ende ist, krieg ich davon absolut nichts mehr mit. Nicht ich erfahre dann das Nichts, sondern das Nichts erfährt das Nichts, und das kümmert niemand. Nicht mal mich. Unterm Strich bedeutet das: Ich erlebe das Leben nur, solange ich lebe. Ich werde nie etwas anderes kennenlernen. Und das macht es auf ne Art ewig für mich. Das ist logisch, das ist rational, das ist ehrlich, und erwachsen ist es auch. Und dann kommt so ein kleiner Stromschlag im Garten meines Vaters, der alles Mögliche sein kann, ein

Windhauch, ein Insekt, ein Nerv, der zuckt, eine Verspannung, die sich löst, meine Güte, es gibt tausend Möglichkeiten, so etwas wissenschaftlich zu erklären, aber ich greife sofort auf die einzige unwissenschaftliche zurück, weil diese Einschätzung der Lage sich wahrer anfühlt als alle Wahrheiten rechts und links, oben und unten und was weiß ich wo. Bis heute geht mir das so, wenn ich an diesen Abend in seinem Garten zurückdenke. Und wenn ich jetzt mal beide Augen zudrücke und ein bisschen verwegen annehmen will, dass es stimmt, was ich nach seiner Beerdigung erlebt habe, gibt es schon wieder zwei Möglichkeiten, wie das damals weiterging. Mein Eindruck war, dass es sich um eine Berührung im Vorübergehen, sorry, im Vorüberwehen gehandelt hat. Aber vielleicht ist er ja auch in mich hineingeschlüpft. Dann wäre es natürlich nicht verwunderlich, dass er seine Klamotten weitertragen wollte. Glücklicherweise tickte meine Mutter anders. Sonst müsste ich gendern auf Teufel komm raus. Aber sie drängte mir nach ihrem Tod nicht ihre Kleider auf.

Vor zwei Jahren betrat ich ein Parkhaus. Ich fühlte etwas, und mein Gedanke dazu war: »Gleich ruft jemand an.« Das Handy klingelte, noch bevor ich am Wagen war. Und ich dachte, das wird entweder meine Cousine zweiten Grades sein oder ihr Mann. Es war ihr Mann, und bevor er zu Wort kam, wusste ich, was er sagen würde, und das sagte er dann. »Deine Mutter ist gestorben.«

Auch zu ihr hatte ich eine lange, sehr lange Zeit keine Beziehung, außer der, ihr Fleisch und Blut zu sein. Ich verließ sie, als ich siebzehn war. Und Freddy wurde wahr. Freddy Quinn. »Junge, komm bald wieder.« Aber der Junge kam nicht wieder, außer zu furchtbar kurzen Besuchen alle paar Jahre. Und sehr viel öfter rief er auch nicht an. Ich kümmerte mich nicht um sie, weil ich glaubte, dass sie mein Kümmern nicht nötig hätte. Sie war eine lebenslustige, selbstständige und glückliche Frau, deren einziges Unglück die Ehe mit meinem Vater war, aber sie hatte sich früh genug von ihm getrennt, um sich nicht nachhaltig ihr Leben zu versauen. Ich musste mir keine Sorgen um sie machen. Das war ein Grund. Ein anderer hatte mit den Welten zu tun, die ich ab siebzehn bereiste, denn in den inneren und den äußeren Welten, vom LSD im Teutoburger Wald bis zum Gold im Amazonas, war überall und immer so viel los, dass ich sie vergaß. Ich war ein schlechter Sohn, und ich hatte auch ein schlechtes Gewissen, aber es quälte mich nicht sonderlich. Es war längst analysiert. Wenn die emotionale Beziehung zu den Eltern schwach ist, haben das ursächlich nie die Kinder losgetreten. Das geht nicht. Ein Kind will, dass Mama immer da ist. Und das war sie nicht. Auch nicht ihre Schuld. Niemand hat Schuld. Es geschieht einfach, dass Menschen das tun, was sie tun müssen, auch wenn sie es nicht wollen, und es geschieht ebenfalls, dass Menschen das tun, was sie wollen, obwohl sie es nicht müssen. Als ich klein war, richtig klein, musste sie arbeiten gehen, weil mein Vater einen schweren Motorradunfall hatte und danach zwei Jahre arbeitsunfähig und morphiumsüchtig geworden war. Und als er wieder in die Gänge kam, hatte sie Lust am Arbeiten gefunden. Sie war selten da, als ich klein war. Und als ich größer wurde, war ich halt selten da.

Was so aber auch nicht ganz richtig ist. Denn meine Mutter war eine Leseratte, und von mir las sie alles, jede Reportage, jedes Buch, jede Reise, jedes Abenteuer. Und sie war stolz auf mich. Trotzdem hätte sie lieber den Autor als sein Werk bei sich gehabt.

In dem Hochsommer ihres fünfundachtzigsten Lebensjahrs hatte meine Mutter lange vor ihrem Stammcafé in der Sonne gesessen und nichts gegessen, aber dazu ein Piccolöchen genossen, vielleicht auch zwei, das weiß niemand mehr genau. Jedenfalls ist sie dort plötzlich zusammengebrochen und wachte im Krankenhaus wieder auf. Körperlich erholte sie sich recht schnell, aber im Kopf tickte sie noch eine Zeit lang nicht ganz richtig. Sie sah grüne Zwerge, wo keine grünen Zwerge waren. Nachdem sich auch das gegeben hatte, kam sie zwar aus dem Krankenhaus wieder heraus, aber nicht wieder in ihre hübsche Zweizimmerwohnung hinein, sondern in ein Altenheim, weil sie ihre Selbstständigkeit verloren hatte. Sie bezweifelte das, klar, und jammerte, obwohl es da eigentlich nichts zu jammern gab. Mein Vater hatte, obwohl er viel wohlhabender als sie gewesen war, in seinem Altenheim nur ein kleines, trostloses Zimmer gehabt. Sie bekam ein Appartement, zwei Zimmer, Küche, Bad, Riesenterrasse, und das alles kein Stück kleiner als ihre Wohnung. Es sah sogar wie in ihrer Wohnung aus, denn ihre Möbel standen drin, ihre Bilder hingen an der Wand, ihr Fernseher, ihre Pflanzen, ihr Porzellan-Krimskrams, alles hatten wir rübergeschafft, bevor sie zum ersten Mal ihr neues Heim betrat. Trotzdem weinte sie bitterlich.

Von da an besuchte ich sie nicht mehr nur alle paar

Jahre, sondern alle paar Monate und blieb auch jedes Mal ein paar Tage. Und wir kamen gut miteinander aus. Nicht nur das Appartement, auch das Umfeld war ideal für uns. Ich wohnte nur wenige Schritte die Straße runter in einem Hotel, das noch Raucherzimmer anbot. Und bei ihr durfte ich auf dem Balkon rauchen. Drinnen war es verboten. Meine Mutter bedauerte das, weil sie Zigarettenrauch liebte, obwohl sie selbst nie geraucht hat, aber sie mochte den Geruch und schlug deshalb vor, die Balkontür offen zu lassen, wenn ich draußen war. Weniger tolerant reagierte sie auf meine Kifferei. Das war mittlerweile eine alte Geschichte. Und doch noch immer ihre größte Sorge. »Mein Junge kommt vom Hasch nicht los«, hatte sie zu einer ihrer Pflegerinnen gesagt, »können Sie nicht mal mit ihm sprechen und ihm gut zureden, dass er es endlich sein lässt?« Die Pflegerin war Anfang zwanzig und voll tätowiert. Na, das war ein Spaß!

Ich kam immer gegen Mittag, sie machte mir Spiegeleier und stellte ihren Frühstückjoghurt dazu, nachmittags schauten wir zusammen fern oder hielten gemeinsam, jeder in seinem Sessel, ein Nickerchen. Manchmal rollte ich sie zum Italiener, manchmal fuhr ich sie in Papas Benz durch das schöne Ostwestfalen, manchmal sprachen wir über Papa. »Immer wenn er alleine wegging, dann ging er auch fremd«, sagte meine Mutter ohne jeglichen Groll. Ich übernahm natürlich auch ihre Amtsgeschäfte und finanziellen Angelegenheiten und machte quasi alles in ihren letzten Jahren, was ein guter Sohn so macht, und trotzdem wussten wir beide, dass etwas nicht stimmte. Egal wie viel Mühe ich mir gab, ein guter Sohn zu sein, egal wie oft ich sie umarmte und ihre Hand hielt, das für sie Wichtigste fehlte, denn ich behandelte sie eher freundschaftlich als liebevoll. Für mich ging das in Ordnung, aber für sie nicht, und sie gab die Schuld dafür nur sich selbst. Sie hätte mich niemals allein lassen dürfen, als ich klein war, sagte sie immer wieder, und meine Besuche, obwohl sie ihnen entgegenfieberte, machten sie nicht glücklich, sondern traurig, aber das gab niemand zu. Und immer, wenn ich mich wieder verabschiedete, standen Tränen in ihren Augen, die sie aber erst weinte, wenn ich die Tür hinter mir geschlossen hatte.

Nachdem die Tür für immer zugegangen war, weinte ich endlich auch. Dreimal insgesamt. Zwei Tage nach ihrem Tod knallte es vor einem Nichtraucher-Hotel in Schwaben aus mir heraus, und es war die halbe Nacht nicht zu stoppen. Danach glaubte ich, ich hätte mich ausgeweint, aber bei ihrer Beerdigung und beim Anblick des schneeweißen Sarges, in dem sie lag, ging es wieder los. Sie hatte sich für diesen Anlass ein Lied gewünscht, das auch immer eines meiner absoluten Lieblingslieder gewesen war, und als *Amazing Grace* anhob, brach mir das Herz. Dann war wieder Ruhe, recht lang sogar, erst als ich ein Jahr später noch einmal ganz allein vor ihrem Grab stand, passierte es zum dritten Mal, dass ich meine Liebe zu ihr wiederfand.

Hochsommer im Waldfriedhof. Die Bäume, die Blumen, die Wege, die Schatten, ich fands fast unwirklich schön. Jeder hat sein Heimatgrün, das hier war meins. Und welche Farbe haben Heimat-Sonnenstrahlen, wenn sie wie ein Fächer durch die Blätter fallen? Ein

Friedhof wie ein Märchenwald, ein Grab wie sie. Unaufdringlich, aber schön, mit einem kleinen, flachen Stein. Eine Blume hineingraviert, mit einer Sonne als Blüte. Darunter ihr Name und die zwei wichtigsten Jahreszahlen des Lebens. 1926–2019. Dazwischen gab es sie.

Ich weinte ziemlich lang auf einer Bank. Aber dieses Mal nicht um sie, sondern um mich. Ich konnte nicht fassen, dass ich erst an ihrem Grab begriff, was eine Mutter ist. Mit meinem Blut begriff. Mit meinem Fleisch. Ein Mensch, der mir das Leben schenkte, eine Frau, die mich mehr liebte als irgendwen anders, ein Herz, das mir treu blieb, egal wie untreu ich war, Gedanken, die bei mir waren, obwohl sie nicht annähernd wussten, wohin es mich trieb, in welche Wüsten, Regenwälder, Häfen, in welchen Großstadtdschungel. Sie konnte mir keine Briefe hinterherschicken. Junge, komm bald wieder, dachte sie nur für sich. Und ich, ihr einziges Kind, hab mein Leben lang so getan, als wäre ich ein *motherless child*. Ich weinte an ihrem Grab, weil ich begriff, dass das ein lebenslanger Irrtum war.

Und es jetzt stimmt.

8. KAPITEL

Unmodern

Woran erkennt man auf ner Jugo-Hochzeit den Bräutigam? Er hat die schönste Jogginghose an. Eine wie meine. Dunkelblau, drei Streifen, gerade fallende Hosenbeine, selbst an den Knöcheln sind sie noch weit. Eine Adidas Classic aus den Neunzigerjahren, tausendmal gewaschen, einige Male notgenäht, denn die modernen Jogginghosen kann ich nicht leiden. Die nach unten immer enger werdenden Röhren sind für Jogger gemacht, aber nicht für den gepflegten Getto-Auftritt.

»Wer eine Jogginghose trägt, hat die Kontrolle über sein Leben verloren«, sagte Karl Lagerfeld einmal, aber der sagte halt viel, wenn der Tag lang war, und konnte sich das auch leisten, denn kein Mensch von Alter und Verstand hört auf die Worte von Designern. Mode ist ein ernsthaftes Ärgernis. Mode ist der Zwang zur Uniformität, zur Gleichschaltung, zum Ameisendasein. Mode diskriminiert die Individualität. Mode ist Mobbing. Mode ist Geschmacksfatalismus. Mode baut die Villen der Textilbarone. Mode macht Männer zu Mädchen und Muttis zu Germany's Next Toptussies. Mode ist der Gegenentwurf zur Persönlichkeit. Mode ist bürokratisierte Kreativität. Nur Verlierer tummeln sich auf Modeforen, denn wer mit der Mode geht, hat die Kontrolle über sein Leben verloren. Oder er hat sie nie besessen. Kommt auch vor.

Mode und Migranten? Auch ein trauriges Thema. Die tun mir wirklich leid. In Afghanistan trugen sie lange Gewänder, weite Hosen, breite Gürtel und Turbane, aber nicht die kitschigen der Mogule oder die staatstragenden der Osmanen, sondern die wilden Turbane des Hindukusch. Und sie sahen darin wie Männer eines Volkes aus, das sich nie kolonialisieren ließ. Sie warfen die Engländer wieder raus, sie warfen die Russen wieder raus, und sie haben auch die Amerikaner und die NATO wieder rausgeworfen. Schönheit in Waffen, denn ein Gewehr gehörte da einfach zur traditionellen Garderobe. Die Waffen vermisse ich nicht an den Afghanen in unseren Bahnhofsvierteln, aber alles andere schon. Sie tauschen die fließende Ästhetik der orientalischen Bekleidung gegen vorgelöcherte und vorgerissene Stretchjeans, die alle kleinen Makel der Beine zur Geltung bringen, und falls es schöne Beine sind, fragt man sich nicht nur in Afghanistan: Warum will ein Mann die zeigen? Zu kurz sind die Hosen auch, weil das Mode ist, und so weiter und so fort, wohin man schaut. Baseballkappe statt Turbane, und die ungezähmten Locken der freiheitsliebenden Stämme Belutschistans sind Schädelrasuren gewichen, die aussehen, als hätte sich ein Rasenmäher-Roboter an ihnen zu schaffen gemacht, während sie zugekifft im Garten schliefen.

Ich mag an Bildern übrigens, dass man sie auf- und abhängen kann. Darum mag ich keine Tattoos. Die Haut ist keine Leinwand für die Ewigkeit. Nicht mal für ein Menschenleben. Sie wird spröde, sie wird fleckig, sie wirft Falten. Und dann sieht ein Drache wie ein Regenwurm aus, ein Adler wie zwei Putzlappen, Herzen wie ne Hautkrankheit und Blumen wie blaue Flecken. Was bleibt, ist die Hoffnung auf ein nächstes Leben und die warnenden Instinkte der wiedergeborenen Seele bezüglich Nadeln und Tinte. Früher trugen deshalb nur Leute Tattoos, die traditionell nicht alt wurden, wie Helden, Seeleute, Fremdenlegionäre und andere Schwerkriminelle. Die konnten davon ausgehen, dass ihre Bikini-Mädchen am Oberarm sich bis ans Ende ihrer Tage mit den Muskeln wölbten. In den durchtätowierten Altersheimen der Zukunft aber werden Sex & Crime synchron mit dem Bindegewebe verrunzeln, und das steht leider, let's face it, nur dem Totenkopf. Denn was auf der jungen Haut provozierend rüberkommt, wirkt auf der alten erschreckend. Wenn aus dem Schauermärchen Non-Fiction wird, verliert der Totenkopf an Unterhaltungswert.

Zu meinem *old style* im Internet muss ich sagen, es reicht. Mail, Google, Facebook, mehr brauche ich nicht, und was ich überhaupt nicht brauche, sind noch mehr Passwörter. In Nizza ist mir schon mal eins entfallen. Irgendein Fünfsterneschuppen prahlte mit seinen französischen Browsern, für die ich aber in meinem Laptop etwas umarrangieren musste, und dabei habe ich versehentlich meinen Yahoo-Mailaccount abgemeldet. Den hatte ich bis dato noch nie abgemeldet, weil mir das Passwort, um wieder reinzukommen, nicht mehr geläufig war. High Noon an der Côte d'Azur. Nach drei falschen Passwörtern hatte ich sämtliche privaten und geschäftlichen Kontakte verloren, die aktuellen wie die uralten. Wegen meiner Schwerhörigkeit benutzte ich kaum noch ein Telefon, ich kommunizierte ausschließlich über Mail und fand das ein hypermodernes System. In Nizza fand ich mich in der Steinzeit wieder. Kein Handy, keine Telefonnummern von irgendwem. Alle Mailbrücken waren abgebrochen, die kontinentalen, die interkontinentalen sowie die Brücken zur Vergangenheit.

Eine Dachterrasse in New Delhi vor mehr als zwanzig Jahren. Eine Inderin fummelte im Internet. Sie hieß Laya und ihre Schönheit zu beschreiben, überfordert mich momentan. Und darum gings auch grad nicht. Auch nicht um die Freundschaft zwischen ihrem Mann und mir, die wegen ihr zerbrach. All das sind hier nur Nebensächlichkeiten, epochalere Sachen standen an. Laya meinte, es sei an der Zeit, die alte Welt zu verlassen, egal wie romantisch sie war. Wie viele Herzen wurden in Briefkästen geworfen und wie viele brachen in Telefonzellen, an deren Scheiben die Regentropfen wie Tränen runterrollten. In Indien konnte man über die Rückständigkeit der Europäer nur lachen. Und Laya wollte dem ein Ende machen. Sie brauchte etwas länger als eine halbe Stunde, dann hatte ich meinen Yahoo-Account und sie die digitale Brücke zur Mailaffäre. Die abbrach, als Laya nach einer Strandparty ins Meer hinausschwamm und nie wieder zurückkam. Eine verdammt traurige Geschichte, viel trauriger als mein Verlust an der Côte d'Azur. Aber nun hatte ich nichts mehr von ihr bei mir. Nur Erinnerungen, wie Splitter im Gehirn.

Einmal kam Laya in mein Hotel mit Pluderhose, Pluderbluse und Pluderaugen, setzte sich auf mein Bett und erzählte von ihrem Liebesleben. Sie habe schon immer zu zwei Männern gleichzeitig tendiert, aber nun schon eine Weile nur mit einem geschlafen.

»Alles schön und gut, aber dein Mann ist mein Freund.«

»Er muss es nicht wissen«, sagte sie.

»Ja, aber ich weiß es.«

»End of story?«, fragte sie.

»End of story«, antwortete ich.

»Dann haben unsere Engel gewonnen«, sagte Laya und lächelte, wie mir schien, erleichtert.

Aber auch Engel können nicht immer nur gewinnen. Und Yahoo verarschte mich in Nizza nach Strich und Faden, als ich um Hilfe ansuchte. Erst schickten sie mich auf eine hoffnungslose Odyssee von Link zu Link, die flugs zu einer Schleife wurde und dann zur Dauerschleife, und immer war das Ergebnis negativ. Anrufen ging bei Yahoo schon mal gar nicht, aber einen Brief konnte man schreiben und ihn zu ihrer Europazentrale nach Irland schicken, und genau das tat ich. Nach einem Jahr kam die Antwort. Negativ. Aus Datenschutzgründen. Yahoo lebt, und Laya musste sterben. Umgekehrt wäre fair gewesen. Scheiß-Spiel. Aber *old style*. Das Leben ist kein Ponyhof, und Gott braucht kein Happy End. Er ist kein Hollywood-Produzent.

9. KAPITEL

Gibt es einen Gott?

Ich war zu müde, um weiterzufahren. Eigentlich auch zu müde, um die Autobahn zu verlassen, zu müde, um in Ruhe ein Hotel zu suchen, das mir gefiel. Das passiert halt manchmal, neu war nur die Uhrzeit. Es war noch hell. Trotzdem konnte ich die Augen kaum noch aufhalten, der Mikroschlaf schlich sich auf leisen Sohlen an, rechts von mir war plötzlich der Mondsee. Und die gleichnamige Autobahnraststätte mit dem angeschlossenen »Landzeit-Motor-Hotel«. So kam ich zu einem Zimmer mit Balkon und der schönsten Aussicht der letzten zwei Jahre. Ich schaute im Internet nach, um mich zu vergewissern, dass ich nicht wegen der Müdigkeit halluzinierte. Nein, es stimmte. Der Mondsee gehört zu den schönsten Seen Österreichs. Eingerahmt von der Drachenwand und anderen alpinen Hoheiten des Salzkammerguts, lag er quasi direkt vor meinem Balkon, und schaute ich nach rechts, wellte sich eine Wiese bergan, auf der Schafe grasten.

Merkwürdigerweise war ich jetzt nicht mehr todmüde, nur noch müde, und je länger ich abwechselnd auf den See und die Schafsherde schaute, desto wacher wurde ich, nur der Sonnenuntergang über der Drachenwand weiß, warum. Bei den Schafen war weniger los, und ich fand auch das unheimlich spannend. Ich hatte schon ewig keinen Schafen mehr so lange bei ihrem Tagewerk zugesehen. Sie knabbern mal hier und mal da am österreichischen Qualitätsgras, und zwischen dem Hier und dem Da liegen selten mehr als zwei Schritte. Und wenn sie nicht grasen, dann stehen sie rum und gucken dumm aus der Wolle. Die Dummheit ist ihr Paradies, die Herde ihr Schutz, die Wiese ihre Welt. Sie kuscheln gern und haben auch hin und wieder Sex, aber das hört sich aufregender an, als es ist. Er steigt an ihr hoch und sofort wieder runter. Zwei Sekunden, Maximum. Und sie steht dabei genauso dumm wie vorher rum. Und nachher. Kein Unterschied. Ich gehe was essen.

Generell erinnern mich Autobahnhotels an die Karawansereien der alttürkischen Nomaden. Die Lastwagen sind die Kamele, die Pferde die Pkws. Auch schön: die 24-Stunden-Gastronomie. Die Restaurants schließen zwar irgendwann, aber die Tankstellen nie. Trotzdem logiere ich in ihnen nur, wenn es sein muss, denn die meisten sind ja doch ziemlich öde, was ihre Ausstattung und den Ausblick angeht. Auch die Frontseite des »Landzeit-Motor-Hotels« sieht nicht so aus wie ein Ort, an dem ich unbedingt mal Urlaub machen möchte, aber alle Zimmer gehen nach hinten raus, alle haben Balkons, und sobald ich wieder auf meinem bin, spiegelt sich nur noch der Mond auf seinem See. Von der Autobahnwelt ist nichts mehr zu sehen außer dem Schein der Parkplatzbeleuchtung, die noch schwach über die Wiese fällt, auf der die Schafe stehen. Und jetzt in Formation: Keines grast, keines liegt, keines schläft, und es schaut auch keins nach hinten zum See oder zur Seite. Alle schauen nach vorn. In das orangefarbene Parkplatzlicht. Bewegungslos und ohne jedes Mäh. Ich schicke ihnen ein kleines Stör-Mäh von der Seite, um zu sehen, was passiert, und eines dreht seinen Kopf tatsächlich zu mir und schaut mich komplett verwundert an. Aber nur kurz und, wie mir scheint, mit superschlechtem Gewissen, dann richtet es seine Augen wieder brav zum Parkplatzlicht. Und nun frage ich mich: Können Schafe Religion? Doof genug dafür wären sie.

10. KAPITEL

Lieber Tod als Altenheim

Erfolgreiche Menschen empfehlen Zehnjahrespläne. Wo will ich in einem Jahrzehnt sein? Sobald das Ziel definiert ist, kann der Weg mit Etappen strukturiert, und Regeln können festgelegt werden. Die wichtigste ist: »Regeln werden eingehalten! Dafür sind sie da.« Ich habe das alles nie so gemacht. Und trotzdem Erfolg gehabt. Die einzige Regel, die ich richtig fand, war und ist: »Wer sein Bestes gibt, ist nicht schuldig.« Sylvester Stallone hatte das zu mir gesagt, als ich ihn während der Dreharbeiten zu *Cliffhanger* interviewte. Weit oben im ewigen Schnee und Eis der italienischen Dolomiten musste er dreizehnmal auf einer schmalen, schwankenden Hängebrücke mit maximaler Geschwindigkeit einen Abgrund überqueren, bevor der Regisseur sich mit der Szene zufrieden zeigte. Und sobald Stallone nach dem dreizehnten Mal mit beiden Füßen von der Hängebrücke herunterkam, wurde sie gesprengt. Der Hollywoodstar akzeptierte dafür kein Double, obwohl er seit seiner Kindheit unter Höhenangst litt. Verglichen mit den gigantischen Erfolgen von *Rocky* und *Rambo* floppte der Film, aber Stallone konnte weiterhin in den Spiegel sehen, denn er hatte sein Bestes gegeben, und dass Bergsteiger weniger sexy als Boxer und Krieger sind, ist nun wirklich nicht seine Schuld.

Eine Regel, und der Rest ist Intuition. Mit zwanzig wurde mir klar, dass mir Schreiben und Reisen lag, und ich dockte bei einer Tageszeitung an. Zehn Jahre später verließ ich die kleine Welt der Lokalredaktionen, und das Reisen begann. Mit fünfzig ahnte ich dann, dass ich ab sechzig als rasender Reporter eine Fehlbesetzung sein würde, und schaltete auf Bücher um, weil sie einen längeren Atem haben. Außerdem entdeckte ich schon während meiner ersten Lesungen ein bisher kommerziell komplett ungenutztes Talent als Rampensau. Aus Reisen wurde Tingeln, aus den Hundert-Zeilen-Sprints wurden Schreibmarathons, und nun stehe ich vor zwei Fragen. Braucht es einen Zehnjahresplan ab siebzig? Und wenn ja, wie definiere ich das Ziel?

Nie in Rente!

Denn was macht ein Rentner? Endlich um die Welt reisen? Haha! Endlich ein Buch schreiben. Sehr lustig. Ich habe sechzehn Bücher geschrieben, dies hier wird das siebzehnte. Ich würde als Rentner keine Zeile mehr schreiben, denn ich schreibe nicht, wenn der Druck fehlt, dafür ist es zu anstrengend. Geistige Knochenarbeit. Immer mit dem Kopf gegen die Wände im Gehirn. Schreibblockaden sind Denkblockaden, und ich würde liebend gern drauf verzichten, doch wie mich die Erfahrung lehrt, bekommt mir das weder materiell noch mental. Langeweile, die immer länger wird, länger und länger. Und das bis in alle Ewigkeit? Nein wirklich, ich habe keine Vorbilder in Rentnerkreisen. Meine Vorbilder, und zwar meine leuchtenden Vorbilder für ein Leben ab siebzig sind Peter Scholl-Latour und Rabindranath Tagore. Ein Deutsch-Franzose und ein Inder, ein Journalist und ein Schriftsteller, ein Rechter und ein Linker, ein Bestsellerautor und ein Literaturnobelpreisträger, ein Haudegen, der vor seiner Publizistenkarriere als Fremdenlegionär in Vietnam kämpfte, und ein Quasi-Heiliger, den man in seiner Heimatstadt Kalkutta mit Gurudev ansprach. Das sind beachtliche Unterschiede, aber eines einte die beiden. Peter Scholl-Latour, der neunzig wurde, reiste noch zwei Jahre vor seinem Tod durch die ganze islamische Welt vom Senegal bis nach Afghanistan, und nachdem er darüber sein dreißigstes Buch geschrieben hatte, redigierte er es auf seinem Sterbebett. Und Rabindranath Tagore verschied mit achtzig, diktierte aber noch zwanzig Minuten vorher einer Sekretärin sein letztes Gedicht. Und bevor ich es vergesse: Aller guten Dinge sind drei, und der Dritte ist der Beste.

Clint Eastwood. Der lebt sogar noch. Einundneunzig ist er mittlerweile, und er hat ein paar interessante Transformationen hinter sich. Früher war er der durchtriebene Cowboy und der dreckige Bulle. Mit beiden Rollen hatte er Rahmen gesprengt und neue Sujets geschaffen, was ihm die Filmkritiker natürlich erst mal übel genommen haben. Vor *Für eine Handvoll Dollar* waren Westernhelden ehrenwerte Spießer, verkörpert von Leuten wie John Wayne. Von Eastwood an wurde dann weniger geredet und mehr geschossen. Vor *Dirty*

Harry kamen Filmpolizisten wie Heilige daher, nachher etablierte sich der Bad Cop in Hollywood als die etwas realistischere Version des Bullen. Das Publikum liebte Clint Eastwood sehr, aber selbstverständlich gabs keinen Oscar dafür. Erst im mittleren Alter sattelte der Schauspieler langsam, aber beständig auf Regisseur und Filmemacher um und gewann, als er zweiundsechzig wurde, für seinen Western *Erbarmungslos* endlich zwei Oscars. Bester Film, beste Regie. Zwölf Jahre später gelang ihm mit *Million Dollar Baby* dasselbe noch mal. Und er holte die Preise nicht nur für sich, sondern führte Hillary Swank, Morgan Freeman, Sean Penn und Tim Robbins ebenfalls zu Oscar-Würden. Mit achtundsiebzig bekam er die Goldene Palme von Cannes für sein Lebenswerk. Begründung: »Clint Eastwood ist die Synthese des klassischen und des modernen amerikanischen Kinos wie keinem anderen gelungen.« Und im selben Jahr wurde sein Spätwerk *Gran Torino* von der Kritik wie vom Publikum gefeiert. Fast ein Jahrhundert lang hat sich dieser Mann immer wieder und immer weiter neu erfunden. Und ich denke, es wäre keine gute Idee gewesen, ihn mit achtzig einen Rentner zu nennen. Faust aufs Auge. Tritt in die Eier. Und *raus!* Ruhestand ist für Männer wie ihn ein Vorhof zur ewigen Ruhe. Und damit wäre ich beim Zehnjahresplan ab achtzig oder beim Zwanzigjahresplan ab jetzt. Beim endgültigen Karriereziel meines Lebens. Und das lautet: Lieber Tod als Altersheim.

So denke ich mit siebzig. Dass ich mit achtzig oder fünfundachtzig meine Meinung ändere, ist durchaus möglich. Aber ich habe meinen Vater und meine Mutter im Pflegeheim gesehen, und das hat mir den Traum vom Altwerden in Würde abgemurkst. Es waren unterschiedliche Heime. Das meines Vaters war schlecht, das meiner Mutter war gut, aber darauf kommt es weit weniger an, als man denken mag. Wirklich wichtig ist: Die Alten werden in Heime abgeschoben. Gegen ihren Willen, denn das kann man nicht wollen, wenn man ein Leben lang in seinen eigenen vier Wänden zu Hause war, in der sicheren Burg fürs Private, in der Außenhaut seiner Persönlichkeit. Hier war man Mensch. Hier durfte man es sein. Und wie man Mensch war, das war egal. Da hatte einem keiner reinzureden. Das Haus oder die Wohnung ist in eigentlich allen Kulturen heilig. Geschützt durch ein unantastbares Grundrecht, egal zu welchem Gott man darin betet oder auch nicht. Überwachungsdominierte Gesellschaftssysteme wissen das. Nimm dem Menschen den Rückzug in seine abhörsichere Kernzelle, und du nimmst ihm die Sicherheit. Die Geborgenheit. Seinen Panikroom in dieser chaotischen und gefährlichen Welt. Aber die Wohnung ist noch mehr als ein schützendes Mauerwerk. Sie ist mit einem älter geworden. Die Bilder, die Deko, die Sessel, die Lampenschirme, jeder Quadratmeter erzählt Geschichten aus dem Leben des Bewohners. Jedes Sofa ist gepolstert mit konservierten Gefühlen und Seelenzuständen. Lachen, Weinen, Streit und Versöhnung, Hoffnungen und Enttäuschungen, Verlieben und Liebeskummer, Liebe und Leid, krank und wieder gesund werden, Kämpfe, Niederlagen oder Triumphe, egal, was das Leben für uns bereithält, die Wohnung oder das Haus ist der Tempel des Ichs, und wenn man dem Menschen das nimmt, löscht man sein Ich fast aus.

Mein Vater übersiedelte aus einem schönen Haus mit einem großen Garten, der von extrem hohen Bäumen wie eine Mauer umgeben war, in ein kleines Zimmer am Flur, durch den Menschen Rollatoren schoben, mit denen er nichts zu tun hatte. Und auch nichts zu tun haben wollte. Das war sein gutes Recht. Nicht jeder kommt mit jedem gut aus, nicht mit jedem will man ein freundschaftliches Verhältnis oder überhaupt irgendeins. So ging es einem bisher mit Nachbarn oder mit Passanten auf der Straße, man wählt seinen Bekannten- und Freundeskreis gerne selbst aus. Das ist doch normal. Im Altersheim werden Menschen zusammengewürfelt, die im normalen Leben nie ein Wort miteinander hätten wechseln wollen. Und die essen nun im Gemeinschaftsraum des Altersheims miteinander, mit immer denselben Tischnachbarn, mit denen man, wenn es gut geht, nichts anfangen und die man, wenn es schlecht läuft, nicht ausstehen kann. Alte Leute sind oft engstirnig, alte Leute sind oft übellaunig, alte Leute haben Marotten, alte Leute sind schwerhörig, sie sabbern auch manchmal, und je dementer die Runde wurde, desto sicherer wurde mein Vater, dass er endgültig und tief in der Hölle angekommen war. Und wollte nur noch sterben. Das aber wurde hinausgezögert, so gut es ging. Gegen den Tod an Altersschwäche hält die Schulmedizin beeindruckende Medikamente und Instrumente parat. »Wie lange dauert das denn noch?«, hörte ich ihn einige Male verzweifelt fragen, und ich konnte darauf nur das Übliche sagen. »Das dauert erstens noch so lange, wie es die Ärzte wollen, und dann kommt zweitens Gott.«

Bei meiner Mutter sah das alles viel, viel netter aus, sie hatte großes Glück mit ihrem Zweizimmerappartement im Altersheim, mit kleiner Küche und großem Balkon, trotzdem weinte sie beim Einzug und wurde bis zu ihrem Tod dort auch nie wirklich froh, obwohl sie immer eine Frohnatur gewesen war. Das Altersheim hatte ihr die Selbstständigkeit genommen und damit das Recht, ein freier Mensch zu sein. Und noch etwas: Der Mensch ist ein soziales Wesen und liebt, egal in welchem Alter, das Beisammensein oder auch nur das Umgebensein von ganzheitlich humanem Leben. Je mehr sich die Altersgruppen durchmischen, desto lebendiger wirkt eine Straße, ein Platz, ein Restaurant. Die Italiener haben das super drauf. Da feiert vom Urenkel und der Urenkelin bis zum Paten und seiner Patin die ganze Truppe bei Rotwein, Pasta und Tiramisù ihre *famiglia.* Und das tut allen gut. Die Jungen fühlen sich im Kreis der Alten geborgen, und die Alten werden mit den Jungen wieder ein bisschen jung. Da wird viel gelacht. Und viel gesungen. Und viel gegessen. Glück macht Appetit. Und draußen, auf den Gassen oder an den Brunnen und ganz egal, wo auf der Welt, gefällt es mir, auf die Durchmischung aller Altersstufen zu sehen, die die Menschheit draufhat. Kinder, Jugendliche, verliebte Paare, einsame Sänger, Gemüsehändler, junge Mädchen, alte Männer, über jeden und jede könnte man eine Geschichte schreiben, einen Film drehen, und fast alle erinnern mich – mit ihren Torheiten und ihrer Eile zum einen und mit ihrem Lachen und ihrer selbstbewussten Kraft zum anderen – an mich selbst und wie es war, als ich mit einem Mädchen verknallt durch den Basar ging oder mit gebrochenem Herzen irgendwo am Kaffeehaustisch einen Cognac trank. Oder auch am Straßenrand mit der Gitarre *My Baby Don't Love Me No More* sang. Kam alles vor auf meinen Wegen. Und kommt alles vor. Der Fluss der Generationen – oder auch gleich der Fluss des Lebens – empfängt uns, sobald wir aus der Haustür treten, und egal, wohin wir gehen, Junge und Alte sind überall. Nur nicht im Pflegeheim. Da sind nur die Alten. Da sehen und hören alte Menschen nur alte Menschen, bis auf das Pflegepersonal. Das ist jung. Und hat das Sagen. »Herr Timmerberg, jetzt müssen wir aber die Augen zumachen. Herr Timmerberg, rauchen dürfen wir hier aber nicht. Herr Timmerberg, die Zeit zum Ballspielen ist gekommen.« Ich habe tatsächlich meinen Vater dabei beobachten müssen, wie er als Siebenundachtzigjähriger im Kreis mit anderen Greisen zusammensaß und dem Pfleger, der in ihrer Mitte stand, einen Ball zuwerfen musste. Um irgendeine Motorik zu trainieren. Genauso war es im Kindergarten. Nur fröhlicher, energetischer, lebendiger.

Natürlich kann kein Schwein etwas für die inhumane Institution Altersheim. Schuld hat wie immer die industrielle Revolution. Sie zersplitterte die Großfamilie, mittlerweile lebt man halt irgendwo, und die Familie ist irgendwo anders, verstreut, wie eine zerrissene Perlenkette. Ich wohnte rund tausend Kilometer von meinem Vater entfernt und rund achthundert von meiner Mutter. Sie zu mir zu holen, als sie ihre Selbstständigkeit verloren hatte, war völlig undenkbar, zu ihnen zu ziehen wäre möglich gewesen, aber eigentlich auch undenkbar, ihnen rund um die Uhr Pflegekräfte ins Haus zu schicken, habe ich bei meiner Mutter zweimal versucht, aber es hätte mich trotzdem dabei noch gebraucht, um die Damen aus Weißrussland und Polen in Schach zu halten, also was tun, außer dem, was alle tun und was auch meine Kinder tun werden, wenn es bei mir so weit ist.

Altersheim in Thailand? Ich habe mir grad ein paar im Internet angesehen. Das beste stand natürlich unter Schweizer Regie. Palmengarten, Palmenöl-Pflege, Palmen überall, und wenn dann der Mond in Scheiben durch die Palme fällt und die Papageien auf dem Hawaiihemd für immer schweigen, spricht man zu Recht von einem Abschied in *swiss quality*. Die Frage ist nur, ob es der Demenz nicht total egal ist, worauf sie tagein, tagaus so schaut. Ob Palme oder Gummibaum, macht da vielleicht keinen Unterschied mehr.

Länger leben, länger leiden. Was früher als buddhistische Weisheit durchging, ist heute brutale Rentnerrealität. Dank der Medikamente und Instrumente unserer fabelhaften Intensivmedizin werden wir alle älter, nur unsere Gehirne nicht. Die machen da nicht mit und sterben ab, während der Rest von uns noch weiter fleißig zur Toilette geht. Oder hingerollt wird. Was unterscheidet den Menschen vom Tier? Der aufrechte Gang am Rollator? Die dritten Zähne im Wasserglas? Oder die Fähigkeit, sich jederzeit daran zu erinnern, wo das Wasserglas steht, und auch auf dem Weg nicht zu vergessen, was man dort eigentlich grad vorhatte. Siddharta konnte denken, warten und fasten, und selbst wenn man warten und fasten nicht kann, bleibt im Kopf das Licht an. Das Erkennen, das

Verstehen, das Selbstbewusstsein. Ist unser Gehirn die Krone der Schöpfung oder der Dickdarm? Gunter Sachs beantwortete diese Frage mit einem Kopfschuss.

Gunter Sachs wurde immer unterschätzt. Er war mehr als ein Playboy. Unternehmer, Dokumentarfilmer, Fotograf, Kunstsammler, Mäzen, Astrologe und guter Mensch. Jeder, der mit ihm persönlich zu tun hatte, schwärmt von seinem Charakter, seiner Großzügigkeit, seiner Loyalität. Als ein mit Sachs befreundeter Gesellschaftsreporter mal für ein paar Monate in den Knast musste, war Gunter Sachs der einzige seiner prominenten Freunde und Bekannten, der ihn im Gefängnis besuchte, ihm finanziell half und sich nicht für ihn schämte. Erst in der Not erkennst du, wer die wahren Edelmänner in deinem Freundeskreis sind, und wenn so ein Gentleman für sich beschließt, dass es ohne Gehirn auch kein St. Tropez mehr für ihn gibt, dann ist das sein Ding. »Der Verlust der geistigen Kontrolle über mein Leben wäre ein würdeloser Zustand …«, schrieb er in seinem Abschiedsbrief.

Ich bin nicht Gunter Sachs. Ich habe nicht den Mumm für einen Kopfschuss. Ich bin auch kein Springer. Niemals und nimmer stürze ich mich freiwillig irgendwo runter. Vielleicht gibt es geniale Tabletten, das müsste ich recherchieren, vielleicht geht es auch mit ner Blitz-Heroin-Karriere. Vom ersten Schuss gleich weiter zum Goldenen oder so. Und vielleicht hat auch Pit recht.

Mein Freund Pit lebt bewusst ungesund, um nicht älter als sein Gehirn zu werden. Weil er mittlerweile auch schon ein bisschen über sechzig ist, gibt er sich wirklich Mühe damit. So gesehen wäre mein neuer Fitness-Spleen eher kontraproduktiv, aber das Rauchen werde ich trotzdem nie aufgeben.

Auch Netflix hat Antworten. Die *Vikings* gehören zu meinen Lieblingsserien. Und bei den Wikingern ging das so: Man stirbt am besten mit dem Schwert in der Hand, nur so kommt man nach Walhalla. Ein letzter Kampf, ein letztes Abenteuer, eine letzte Reise. Wie wäre das? Auf alle Fälle wäre es exakt die Mitte zwischen Selbstmord und ungesundem Leben, plus ein Schuss Schicksal. Und immer, wenn ich über meine letzte Reise zu fantasieren beginne, denke ich sofort an den Himalaja. An den Ganges. An Open-End-Fasten. Aber, na klar, man kann auch prima besoffen vor dem Wirtshaus erfrieren. Tipp aus der Steiermark. Das sei völlig schmerzlos und kurz vorher ziemlich lustig. Super Zehnjahresplan.

11. KAPITEL

Nieder mit der Gleitsichtbrille!

Abstrakte Kunst beruht auf einer Sehschwäche, könnte man meinen, wenn einem die Gesichter auf der anderen Straßenseite wie ein Picasso erscheinen. Beim Autofahren beruhigt mich die entgleiste Physiognomie der Fußgänger und Radfahrer, denn dann weiß ich, dass noch niemand in Gefahr ist. An den Fernseher rücke ich halt näher dran, lesen tu ich prinzipiell nicht, und in Word bin ich mittlerweile zwar bei der Schriftgröße 20 angelangt, aber da ist noch viel Luft nach oben. Deshalb fehlte mir bisher der Wille zur Brille.

Bisher ist ein starkes Wort. Es überwindet die Macht der Gewohnheiten. Welch ein Unterschied ist zwischen den Sätzen »Ich habe es noch nie geschafft« und »Ich schaffte es bisher nicht«. Vor drei Tagen ging ich ein Stück auf der Taborstraße entlang. Sie ist die zweitälteste Straße von Wien. Auf einer Länge von zweihundert Metern kam ich an vier Brillenläden vorbei. Das Kundenprofil des ersten ist der geizige Blinde. Er war rappelvoll. Und eine selbstbewusste Kopftuch-Kundin sorgte dafür, dass es einfach nicht weiterging. Sie hatte zwei Rezepte dabei. Eins für die Fernsichtbrille, eins für die Lesebrille, aber der Verkäufer wollte ihr unbedingt die Kombination von beidem andrehen. Sie schrie fast. Und ich konnte das gut verstehen, denn ich hatte mir vor Jahren auch mal eine Gleitsichtbrille aufschwatzen lassen und fand sie im fast wörtlichen Sinne des Wortes zum Kotzen. Weil ich den Durchhaltewillen von wütenden Orientalinnen kenne, verließ ich den Laden umgehend.

Es regnete zu viel im Mai, und das kann einem ganz schön auf den Keks gehen. Die nächsten beiden Optiker (und in einem Fall auch eine Optikerin) boten mir für die Untersuchung meiner Augen einen zu späten Termin an, erst der vierte war mein Mann. Alteingesessener Laden, Unmenge von Brillen, völlig leer, selbst er war für geraume Zeit nicht zu sehen. Er, der geborene Verkäufer, Grieche, wie ich annahm, als er dann doch noch aus einem Hinterraum ankam. Stimmte aber nicht. Egal. Ich erklärte ihm mein Picasso-Problem und brauchte anschließend zehn Minuten, um ihn von der Gleitsichtbrille abzubringen. Ich sagte ihm, dass ich sie einmal ausprobiert hätte und mir zu oft übel dabei geworden war, ich sagte ihm, dass sie mich verwirrt hätte, ich sagte ihm, dass ich sie nicht will. Und er sagte, da habe sich aber in den letzten Jahren einiges getan. Mittlerweile böten sie in einer Gleitsichtbrille nicht nur zwei, sondern drei Sehschärfen an. Die obere Hälfte für die Ferne, die obere Hälfte der unteren Hälfte für die Arbeit am Computer und das Glas ganz unten zum Lesen. »Das brauche ich aber so nicht«, sagte ich. »Denn meine Lesebrillen kaufe ich für neun Euro in jeder Drogerie.« Er schlug die Hände über dem Kopf zusammen.

»Nein! Nein! Nein!«

Vor Jahren habe ich mal einen Qualitätsbrillen-Verkäufer im Vertrauen gefragt, was eigentlich die billigen Lesebrillen der Drogerien von den teuren Optiker-Modellen unterscheidet, die er anbietet. »Nur der Preis«, antwortete er. Guter Mann. Ein weiterer Vorteil der Neun-Euro-Lesebrille, der aber mit dem erstgenannten ursächlich zu tun hat, besteht darin, dass man sie überall liegen lassen kann. Auch sie zu vergessen ist billig. Man ist nicht immer nüchtern. Man ist nicht immer auf Zack. Ich bin sicher, dass ich mindestens hundert Lesebrillen kreuz und quer über diesen Planeten verstreut habe, und wollte man *Hänsel und Gretel* modern erzählen, würde ich mit dem Gedanken spielen, dass die Kinder ihren Weg durch den Wald nicht mit Erbsen, sondern mit Lesebrillen markieren. Also, ich brauche wirklich keine Kombi-Sehhilfe, die von der Fernsicht in die Kurzsicht gleitet, und ich brauche auch die Computersicht in der oberen Hälfte ihrer unteren Hälfte nicht, denn das hieße, dass ich zum Schreiben eine andere Sehstärke als zum Lesen brauche, was die pure Verarschung wäre. Was ich brauche, und ich sage es gern noch einmal, ist die traditionelle HD-Weitsicht. *High definition* im Auto, *high definition* im Fernsehen, *high definition* auf der anderen Straßenseite. Und die kriege ich nicht im Supermarkt. Die gibts nur im Fachgeschäft, also hier, oder was?!

Der Verkäufer resignierte. Aber was sollte er auch

sonst tun? Mir mit ner Waffe drohen? Er war vor einem halben Jahrhundert aus der Schwarzmeer-Region nach Wien umgesiedelt und hatte sich gut akklimatisiert. Er hatte Charme, Humor und ein diskretes Auge für die Schwachstellen seiner Kunden. Meine war die Müdigkeit. Der Zehn-Uhr-Termin war für mich viel zu früh, denn ich gehe nicht vor vier Uhr morgens zu Bett. Eine Corona-Angewohnheit. Damit mir das Zusammenleben mit meiner Freundin während des Lockdowns nicht auf die Nerven geht, führte ich zwei Zeitzonen ein. Ich bin nachts allein, sie am Vormittag. Für die Beziehung funktionierte das, aber für Zehn-Uhr-Termine nicht.

Die Apparaturen für die Messung der Sehschärfe standen naturgemäß in einem abgedunkelten Bereich des Brillen-Fachgeschäfts, was mich dazu verleitete, dort mit offenen Augen weiterzuschlafen und zu allem Ja und Amen zu sagen. Er machte sich währenddessen mit verschiedenen Linsen vor meinen Pupillen zu schaffen und empfahl mir, als der Grad der notwendigen Blickverstärkung ermittelt war, ein Brillenglas, das im Sonnenlicht zu einer sich selbst verdunkelnden Sonnenbrille mutiert. Und ich sagte Ja. Des Weiteren empfahl er mir ein Gestell der italienischen Luxusbrillenmarke Persol, weil ich ihm gesagt hatte, dass ich eine traditionelle Form wollte. Persol ist nun mal eines der ältesten Unternehmen dieser Art auf der Welt, und ihre erste Verkaufsboutique öffnete auf dem Rodeo Drive in Beverly Hills.

Ich sagte Ja.

Das große Rechnen begann. Er machte eine Show daraus, fast theatralisch entwarf er mit einem Bleistift auf unschuldigem Papier Zahlenkombinationen, unterstrich sie hier, durchstrich sie da, zog Prozente ab und setzte Steuern drauf, und das dauerte länger, als ich vermutet hatte. Offensichtlich traute er sich nicht, das Ergebnis zu verkünden. Aber natürlich kam dann doch noch der Moment, wenn »bullshit walks and money talks«. »Siebenhundertsiebzig Euro«, sagte er. Und ich sagte: »Amen«.

»Um seine Jugend wiederzugewinnen, bedarf es nur des einen: Man wiederhole die Torheiten, die man damals beging.« Schon wieder Oscar Wilde. Langsam wird der zu einem Schreckgespenst für mich, denn wenn ich mal was wirklich Gutes schreiben will, fallen mir immer nur Sätze von ihm ein. Ich setzte mich mit meiner neuen Brille auf den Karlsplatz und sah ein paar Frauen hinterher. Nicht allen stand die wiedergewonnene Sehschärfe. Ein Gewinn an Lebensqualität? Unbedingt. Makellose Schönheit nimmt mir die Freiheit. Ein paar Pickel geben sie mir wieder. Obwohl sie überschminkt waren, entdeckte ich sie sofort. Habe ich eine Röntgenbrille erstanden? Als ich pubertierte, wurden in obskuren Anzeigen Brillen beworben, mit denen man durch die Kleider der Frauen hindurchsehen könne. Bewiesen wurde das mit Zeichnungen. Ein Männergesicht, außer sich vor Freude, geierte mit seiner Spannerbrille durch die Damen-Oberbekleidung direkt auf ihre Wäsche. Die Anzeige war ernst gemeint, was ein bisschen über den Verbraucherschutz der frühen Sechzigerjahre aussagt. Mittlerweile wurde die Zukunft zur Gegenwart und Science-Fiction zum Alltag, und so eine Brille wäre heute sicher technisch machbar, aber man braucht sie einfach nicht mehr. Die Frauen tragen ja eh nur noch das Notwendigste, sobald die Sonne daherkommt, und das wenige sitzt so körperbetont, dass es wie durchsichtig wirkt. Und noch etwas passierte in dem Licht. Meine Brille verdunkelte sich. Ich sah alles, aber niemand sah meine Blicke.

12. KAPITEL

Ohne Kraft, ohne Putzfrau, ohne Worte

Kleiner Überfall. Ein Schmerz in der Brust. Mini-Atemnot. Und vorgestern war ich zu schwach, um weiter als bis zum Gartenzaun zu kommen, als ich spazieren gehen wollte. Ich schob das auf die Lesetour, die ich hinter mir hatte. Fünf Tage durch Deutschland bei miesem Wetter, in denen ich bereute, den Zug genommen zu haben statt den Benz. Schwer war der Koffer, und von den vier Rollen funktionierten nur noch zwei. Trotzdem. Fünf Tage sind kein Grund, nicht über den Garten hinauszukommen. Da steckt mehr dahinter. Als gelernter Hypochonder tippte ich bei dieser Kombination aus Erschöpfung und Brustschmerzen mal auf Corona.

So mache ich das immer. Ich tippe auf alles Mögliche, nur nicht auf das Naheliegende, und da liegt immer, ich erwähnte es schon, ne Zigarette. Ich rauche zu viel. Das macht meine Lunge zum Rocky meiner Eingeweide. Kein anderes Organ muss so viel einstecken. Und steht immer wieder auf. Klar tut das weh. Könnte ich mich mal kurzfristig durch Raum und Zeit in mein junges Ich zurückbeamen, um ihm, quasi als innere Stimme Ratschläge aus der Zukunft mitzuteilen, dann wäre das ohne Scheiß der wichtigste:

Fang nie mit dem Rauchen an. Nie. Und niemals. Nicht eine Zigarette. Und das Schöne daran ist, du wirst sie nie brauchen, nie vermissen, und noch dazu verpasst du absolut nichts. Bei allen anderen Drogen ist das anders. Da verpasst du was. Und das kann ich dir guten Gewissens nicht empfehlen. Aber die Zigarette lass weg. Und Haschisch nur als Gebäck. Ende der Durchsage. Denn wenn ich hier so weitermache, werde ich jetzt wirklich alt. Noch nie in meinem Leben habe ich etwas so politisch Korrektes geschrieben. Aber Gott sei Dank ist schreiben und leben nicht dasselbe.

Mittlerweile bin ich wieder bei Kräften und schaffe es bis in die Stadt. Die hundertsechsunddreißig Stufen des Dohlengässleins runter ist das kein Wunder. Um es auch wieder hoch zu schaffen, sammelte ich heute etwa zwei Stunden vor dem Starbucks am Marktplatz meine Kräfte. Es ist mein Lieblingshangout für Kaffeepäuschen in St. Gallen, weil es am Einfallstor zur autofreien Altstadt liegt und man dort für Schweizer Verhältnisse viele Menschen in allen Farben und Größen sieht. Weiß man es anderswo, dass es in der Schweiz gemessen an der Einwohnerzahl mehr EinwanderInnen als in Deutschland gibt? Das ist kein

Genderscheiß, sondern die Macho-Fixierung auf das Wesentliche. Ich habe mein Leben lang nur den Frauen hinterhergeschaut, warum soll das mit siebzig anders sein? Und dank der Dauerberuhigung meines männlichen Sexualhormons ist *only watch, no buy* eine sehr entspannte Freizeitbeschäftigung.

Jede der vier Jahreszeiten des Lebens gehört bekanntlich alterskonform absolviert, und für die Jahre nach siebzig erscheint mir der Voyeurismus als artgerechter Sex. Der Satz ist ursprünglich nur zur ersten Hälfte von mir, die zweite geht auf das Konto eines Freundes, der hier nicht genannt werden will. Am liebsten, sagte er, sieht er Frauen beim Fahrradfahren zu, und das am liebsten von hinten, und innerhalb dieser Erlebniswelten favorisiert er Bordsteinkanten, an denen sie im Ledersattel rauf- oder runterruckeln. Ist das schon Sexismus? Oder doch nur die respektvolle Würdigung des Vorgezeigten.

Alles in allem ein gelungener Nachmittag, und es kann auch sein, dass mein Sitzfleisch auf den Starbucks-Stühlen weniger meiner (coronabedingten?) Schwäche als meiner neuen Brille geschuldet war. Wer schärfer sieht, hat mehr vom Spannen.

Und seitdem ich feststellen durfte, dass mich meine neue Brille nicht nur besser sehen, sondern auch besser aussehen lässt, gehe ich ohne sie nicht mehr zu Starbucks. Und nicht zurück nach Haus. Und schaffte es auch wieder die Stufen zum Dohlengässlein hinauf, ohne innezuhalten. Die Schwäche der letzten Tage war damit überwunden, auch der schmerzhafte Protest meiner Lunge wurde niedergerungen, nur der Dreck und die Schreibblockade blieben noch ein Weilchen.

Der Reihe nach. Meine Wohnung sah, wie der Mann meiner Vermieterin zu Recht anmerkte, wie eine Junkie-Bude aus. »Hast du eigentlich schon mal in dein Klo hineingesehen?«, fragte er. »Nein, dafür ist ein Klo nicht da«, antwortete ich. Leider konnte er darüber nicht lachen, obwohl er nicht humorlos ist. Im Gegenteil. Mein Freund und Hausbesitzerinnen-Gatte lacht gern und durchaus auch mitreißend über jeden guten Witz, aber er ist auch Schweizer. Da gibt es ganz klar Grenzen der Humorigkeit. »Soll ich dir eine Putzfrau schicken?«, fragte er, während er auf eines der Regale ein Fragezeichen in den Staub malte. Ich lehnte das ab. Putzfrauen kosten hierzulande so viel wie Handwerker in Österreich. Dreißig Euro die Stunde oder fünftausend im Monat. Und ich spreche nicht vom Nacktputzen oder Halbnacktputzen. Darüber könnten wir diskutieren.

Aber so, wie die Dinge stehen, bleibt es bei den ewigen Wahrheiten. Egal, wie viele Persönlichkeiten ich in mir trage, keine von ihnen will putzen.

Und muss es doch irgendwann tun. Dazu braucht es drei Dinge. Logistik, Kraft und Wille. Fünf Tage nach meiner Mini-Lesetour stellte sich das Trio endlich ein, und ich muss dazu noch sagen, dass die von meinem Freund beanstandete Verwahrlosung der Wohnung nicht erst seit meiner Rückkehr entstanden war. Ich hatte schon vor meiner Abreise ne längere Zeit nicht ins Klo hineingeschaut, aber durchaus reingeschissen. Manchmal hilft mir auch bei profanen Tätigkeiten meine Fantasie weiter. Ich versetzte mich in den Schmutz hinein. Wie fühlt es sich an, wenn der Feind naht, mit all seinen grausamen Waffen?

Einweghandschuhe aus Malaysia, extrem reißfest, verstärkte Fingerkuppen, polnische Putzschwämme, Schweizer Chemikalien, Bürsten und Besen aus Serbien, ganz zu schweigen von der deutschen Infanterie: Staubsauger! Nicht nur der Staub fürchtet ihn wie der Teufel das Weihwasser, auch dessen Bewohner. Mikrolebewesen übersiedelten in den Magen der Maschine, aber auch größere, weil ein Staubsauger nun mal nicht buddhistisch tickt und mit ihren Netzen auch die Spinnen frisst. Aber vielleicht überleben sie ja in den Staubsaugerbeuteln, vielleicht richten sie sich da häuslich ein und haben es fein, man weiß es nicht. Und will es auch gar nicht wissen. Es sind faszinierende Wesen. Acht Beine, acht Augen und die Weibchen werden zu kannibalistischen Feministinnen, wenn die Männchen sie nicht richtig pudern. S/M im Staubsaugerbeutel und Angst und Schrecken in der Teppich-Community, wenn ich die Läufer im Garten über die Stange werfe und mit Schlaginstrumenten traktiere. Sollte es geborene Putzfrauen geben, dann sind sie alle Sadistinnen, so viel steht fest. Mit diesen Visionen wandelte sich meine Motivation in einen regelrechten Putzrausch. Außerdem ist zu vermelden, dass ich mit meiner neuen Brille auch nicht mehr blind dafür bin, was das Im-Stehen-Pinkeln auf dem Toilettendeckel anrichtet. Und am Ende war alles sauber. Aber nicht alles gut.

Schreibblockade. Die gemeinste Schwäche. Reines Schriftstellerproblem, und ich hätte es früher nie thematisiert, weil es außer Autoren niemand interessiert. Mittlerweile gibt es sie wie Sand am Strand. Aus der schreibenden Minderheit ist eine Mehrheit geworden, bei den Lesern lief es umgekehrt. Natürlich hat das auch Nachteile, aber für mich ist das grad gut. Und macht mir Mut. Die Schreibblockade ist ein Mainstream-Thema geworden, das zwei Zielgruppen mit einer Klappe schlägt. Alle wollen schreiben. Und alle sind alt geworden. Okay, ich will nicht grob verallgemeinern.

Nun höret, ihr Völker, die Klage über Teufels Großmutter im Schreiberhirn. Sie sitzt mit ihrem fetten Arsch im Zentrum der Nervenbahnen, um den freien Fluss meiner Neurotransmitter zu blockieren. Sie schafft das mit Bravour. Kein Wort kommt an der Höllenschlampe vorbei, kein Gedanke, keine Idee, geschweige denn ein Satz, mit dem man was anfangen kann. Und das geht nicht nur Stunden so, sondern tage-, wochen- und manchmal auch monatelang. Egal, wie man sich bemüht, egal, wie man es dreht und wendet, egal, wie oft man spazieren geht oder seine Gesundheit ruiniert, auch egal, wie man sich motiviert, wie man flucht oder fleht, wenn Teufels Großmutter, kurz TGM, dein Gehirn zuscheißt, steht »office closed« an deiner Stirn. Der Laden hat dichtgemacht. Für unbestimmte Zeit.

Schreibblockaden tun übrigens weh. Erst im Kopf, dann im Bauch, dann überall, nicht nur am Schreibtisch, sondern wo du gehst und wo du stehst, sitzt und liegst, fummelst du an deinem Text herum wie an einem verknoteten Knäuel abgerissener Fäden deines Gehirns, synchron dazu verknoten sich die Ängste im Bauch. Die Angst des Kreativen vor dem Versagen, die Angst des Profis vor der Pleite. Die

Angst des Geistes vor dem Wahnsinn. Und wer das für übertrieben hält, gehört zu der Minderheit der letzten Nichtautoren unserer Zeit.

Glück gehabt. Genießt es, dass ihr die Leser seid.

Ich schrieb mal über den Flamenco Andalusiens und seinen verrücktesten Sänger »Loco Romantico« für das Reisemagazin *Merian*. Ich schrieb sie dreimal um. Und war noch immer unglücklich mit der Geschichte, weil etwas fehlte, das auch der wahre Flamenco braucht. Loco Romantico nannte es »el duende«. Das heißt »der Dämon«. Und er ist die Gypsy-Version der Musen. Ohne den *duende* gibt es keine Ekstase im Flamenco und damit auch keinen Flamenco, und mein Problem war, dass ich nicht über die Ekstase, sondern aus ihr heraus schreiben wollte, und da spielte weder der Dämon noch die Musen mit. Zwei Wochen lang, drei Fassungen, dann war ich reif für die Insel und gab es auf. Ich flog nach Thailand, aber kaum hatte ich die Palmenblatthütte am Strand von Koh Samui bezogen, ging der Flamenco los. Der *duende* oder die Musen oder auch alle zusammen hatten mit mir eingecheckt, und ich schrieb eine meiner besten Geschichten herunter wie im Rausch.

Zweites Beispiel *Shiva Moon*, mein Buch über Indien, da war nach dem 7. Kapitel urplötzlich der Ofen aus. Die Tage und Nächte am Schreibtisch wurden zu einer Kette von Niederlagen. Ich stand immer wieder auf und ging immer wieder zu Boden, und nach drei Wochen konnte und wollte ich nicht mehr aufstehen und gab auf. Richtig auf. Ganz auf. Ich wollte das Buch nicht mehr schreiben. Aber die Befreiung, die ich mir davon erhoffte, stellte sich nicht ein. Es ging mir fürchterlich danach. Frühling in der Stadt, alle waren gut drauf, nur der größte Verlierer unter der Sonne machte ein Gesicht wie ein Geist auf dem Weg zum Eingang der Hölle. Aber eine Buchhändlerin stoppte ihn, die mich an ihrem Geschäft vorbeigehen sah. Sie stürmte heraus, ja, sie umarmte mich sogar, um mir dann Folgendes mitzuteilen.

»Das gibts ja nicht! Gerade eben habe ich in der Verlagsvorschau gelesen, dass Sie ein neues Buch über Indien geschrieben haben, und zehn Minuten später gehen Sie hier vorbei. Wissen Sie, ich war auch mal in Indien, und ich kann Ihnen gar nicht sagen, wie sehr ich mich auf das Buch freue. Wie heißt es noch mal?«

»Äh ..., Sie meinen *Shiva Moon?*«

»Genau. Und es kommt schon im Sommer heraus! Das ist doch wunderbar.«

»Ja ... äh ..., wann genau?«

»Anfang August. Wussten Sie das nicht?«

»Gute Frau, ich muss sofort zurück nach Haus!«

Und noch bevor ich den Schreibtisch erreichte, wusste ich, wie es im Text weitergehen musste, und so ging es dann auch weiter. Hier war die Buchhändlerin die Muse, in Koh Samui steckte sie womöglich im Thaigras, und egal wie viele Blockaden ich noch aufzählen würde, die Lösungen sahen immer anders aus, aber eines blieb immer gleich: Man muss sie herbeirufen, laut genug, fast würde ich sagen, man muss schreien, dann pusht der Leidensdruck der Schreibblockade quasi wie von selbst das Volumen ins ideale Maximale. Und irgendwann erhören sie dich, die Dämonen und die Musen, und wenn dann ihr Atem wieder zwischen den Zeilen weht und die Wörter mit ihm fließen, hat Teufels Großmutter verschissen und muss sich verpissen, genauso wie in der alten Geschichte vom Licht und der Dunkelheit. Die Geschichte geht so: Eines Tages beschwert sich die Dunkelheit bei Gott. Immer wenn das Licht erscheint, muss sie weichen. Und das sei ungerecht. Gott ruft das Licht herbei und fragt. »Stimmt es, dass du die Dunkelheit diskriminierst?« Das Licht reagiert irritiert.

»Dunkelheit? Was ist das?«

13. KAPITEL

Meine blutjungen, rattenscharfen und bildschönen Facebook-Freundinnen

Auf Facebook sind nur noch die Alten, höre ich die Freunde klagen, die Jungen sind woanders. Aber das waren sie doch schon immer. Fix und Foxi, schon vergessen? Dagobert und seine Jungs, heute eben Tik-Tok. Das Digitale passt sich den Gepflogenheiten des Analogen an. Kindergärten, Jugendherbergen, Pfadfinder, Pfadverlierer und Überseeclubs separierten sich schon vor dem Internet, und das ist normal, denn man will auch manchmal unter sich sein. Also, nein, ich hab kein Problem mit dem Über-fünfzig-Facebook-Verein. Auch nicht mit seinen Blasen. Nichts ist normaler im normalen Leben. Hells Angel vergesellschaften sich nicht mit Yogis, Immobilienmakler zieht es selten auf die Partys der Antifa, und Hundefreunde kehren ungern bei Leuten ein, die Hunde essen. Was daran ist erschreckend? Was daran ist neu? Und wenn sich dann doch einmal die Welten zu vermischen scheinen, wie trügerisch ist dann dieser Schein?

Ich hatte einmal eine Facebook-Freundin bei der US-Army. Ihre Initiative. Ich frage nicht bei vierzig bis fünfzig Jahre jüngeren Frauen an, ob sie sich auch vorstellen könnten, irgendwann mal meine Windeln zu wechseln. Sie war Anfang zwanzig und damit in dem Alter der Facebook-Nutten, die ich eigentlich nie annehme, es sei denn durch freudsche Verliker. Wenn schon Nutten, dann analoge. Aber sie hatte eine Uniform an. Und trug sie in artgerechter Umgebung zwischen Army Jeeps auf kaputten Straßen, vor UN-Schranken und in Mannschaftszelten, gut gelaunt, gut gebaut und gut trainiert, und dasselbe kann ich über ihre Kameradinnen sagen. Junge US-Soldatinnen machen auf Selfies die gleichen Faxen wie US-Soldaten, wenn sie dienstfrei haben, und zeigen dabei neben ihren automatischen Waffen auch mal ihre Feinripp-Unterhemden her. Das schien alles recht authentisch.

»Hello handsome …«, schrieb sie beim ersten Mal.

»Talking to me?«, schrieb ich zurück

Der Schmäh funktioniert eigentlich nur, wenn man sich dabei umdreht, um zu sehen, ob da noch jemand anders steht, aber sie kannte sich aus.

»You are funny«, antwortete sie.

»And you are interesting«, retournierte ich.

»Oh, thank you. But why?«

»Where are you stationed?«, fragte ich zurück.

»In the Golan Heights.«

»Thats why.«

Seitdem die Israelis sie den Syrern entrissen haben, gehören die Golanhöhen zu den legendären Zankäpfeln des Nahen Ostens. Aber ich war noch nie da, nur nahe dran. Einmal im Beekaa-Tal des Libanon, das die Hisbollah dominiert, einmal in der Westbank bei den Palästinensern, einmal in Damaskus, und immer war grad Krieg oder etwas Ähnliches. Der Atem des Heiligen Landes wehte mich durch Facebook an. Und als Nächstes wollte sie wissen, ob ich Single sei. Darauf gibt es in diesem Stadium einer FB-Freundschaft für mich nur eine Antwort. Eine, die nichts verleugnet und nichts ausschließt. »Es ist kompliziert.«

In Wahrheit war es nicht kompliziert, sie war nur nicht mein Typ, was aber nicht an ihr, sondern an meiner Kindheit lag. Ich war elf Jahre alt, als *Gestern, heute und morgen* in die Kinos kam. Ich durfte noch nicht rein. Aber die Filmplakate und die Fotos des Werkes, die ich in den Schaukästen sah, bestimmten mein Frauenbild für die nächsten sechzig Jahre. Sophia Loren in der Blüte ihrer Östrogene und ich in der Pubertät. Ein Traumpaar. Manchmal ging ich fremd mit Gina Lollobrigida, was aber eh keiner mitbekam. Wussten diese Italienerinnen eigentlich, was sie tun? Nun gut, niemand kam zu Schaden. Aber meine Traumfrau hat seitdem schwarze Haare, und die hier war blond. Aus zwei Gründen blieb ich trotzdem bei der Stange. Die Exotik von Affären mit Maschinengewehren und meine Geschichten-Schnüffelnase. Was genau macht das gute Kind da in der Pufferzone zwischen den Erzfeinden?

»Hey Jenny, where do you go with the gun in your hand?«

Das war ihr Name. Und das die Antwort: Sie gehört zur Schokoladentruppe der US-Army. Sie kümmert sich um die Kollateralschäden. Wenn Häuser zerstört wurden und die Leute neue brauchen, wenn Lebensmittel fehlen oder Medikamente, und wieder schickte sie mir Fotos, auf denen alle lachen. Und ich schickte ihr eins von mir in Jerusalem. Vor dreißig Jahren.

So vergingen die Tage. Ich meldete mich nie, das übernahm immer sie. Und in den Pausen starben FB-Freunde weg oder segelten kurz vor der Rente doch noch mal in den Hafen der Ehe ein, weil sie zu Recht befürchteten, bald nicht mehr zu schön fürs Heiraten zu sein.

Ich war grad in Hamburg, als Jenny dann zum ersten Mal auch tief in der Nacht mit mir chatten wollte. Kann sie nicht schlafen? Nein, sie darf nicht schlafen. Sie hat Nachtschicht. Wo? Im Kommunikationszentrum des Stützpunktes, zwischen jeder Menge Computern und Bildschirmen. Was kommuniziert ihr da? Wir überwachen. Ach so. And where are you?, will sie wissen? – Im Hotel, antworte ich. – Mit einer Lady, fragt sie? – Gelegentlich, sage ich. – Oh …

Man stelle sich vor, es wäre mein letzter Sommer gewesen, und ich hätte das gewusst. Eine faszinierende Vorstellung, nicht nur in meinem Alter. Auch Dreißig- oder Vierzigjährige bringt sie in die Wertschätzung der Gegenwart zurück, allerdings nur als Trick. Wirklich ernst nimmt man sie nicht. Mittlerweile hat sich in meinem Fall der rein theoretische Charakter des Gedankens verflüchtigt, aber eine *Breaking News* ist es noch immer nicht. Ich fühle noch mindestens sieben Sommer in mir, und damit meine ich die, in denen ich noch Fahrrad fahren kann und schwimmen und auf Busse aufspringen. Oder auf Jeeps der US-Army. Trotzdem frage ich mich in letzter Zeit eigentlich täglich: Was wäre, wenn das mein letzter Sommer wär? Meine letzte Reise? Und die Antwort ist: Das wäre nicht schlecht.

Weil es auf den Golanhöhen keine zivilen Flughäfen gibt, gilt eigentlich Tel Aviv als mein erstes Etappenziel, aber ich könnte auch Kairo wählen und mich anschließend mit dem Bus durch den Sinai nach Israel quälen. Ein letztes Mal durch die Wüste. Ein letztes Mal auf den Berg, von dem Moses die Zehn Gebote herunterholte. Und morgen Jerusalem! Ich kenne da ein fantastisches Hotel. Es ist ein bisschen teuer, aber welche Rolle spielt Geld auf der letzten Reise?

Im American Colony Hotel wohnten sowohl der historische Lawrence von Arabien als auch Peter O'Toole, der die britische Koloniallegende in Sir David Leans Meisterwerk spielte. Der Regisseur war natürlich auch da und Winston Churchill, Bob Dylan, Graham Greene und Richard Gere, und ganz selbstverständlich weilte Peter Ustinov ebenfalls häufig hier, denn dessen Großvater hatte aus dem ehemaligen Stadtpalast des Pascha Rabbah Daoud Amin Effendi al-Husseini dieses Hotel gemacht. Alle hier Genannten sind berühmt für ihren sicheren Geschmack. Darum ein letztes Mal Kolonial-Oriental in der Metropole des Alten Testaments, bevor es an die Front zu Jenny geht, oder?

Alte Männer sind Trottel. Sie glauben, sie spielen ihr Spiel. Aber sie sind nur die Bälle, mehr nicht. Bälle, die auch mal aufgepumpt gehören. Wo soll das

denn enden? Unter einem Tarnnetz auf den Golanhöhen? Mit Blick auf die sechstausend Sonnen. Mehr
Sterne sehen wir mit bloßem Auge nicht.

Für die kommerzielle Nutzung von Facebook empfehlen russische User die »Zehnmal Bullshit ist genug«-Regel. Jenny von der US-Army hielt sich dran.
Ich habe nicht mitgezählt, aber gefühlt war es unser
neuntes FB-Date, als sie mir ihren Wunsch nach kör-
perlicher Nähe mitteilte, beim nächsten Mal sagte sie
auch, wo. »I come to Switzerland next month«, und
tags darauf war es endlich so weit, und sie gestand mir
zwar nicht ihre Liebe, aber ihr Vertrauen. Und das ist ja
auch schon was. Sie wisse zwar nicht, warum, denn
wir würden uns ja kaum kennen, aber ihr Herz sage
ihr, ich sei der Richtige für folgendes Geschäft: Sie
habe ein Aktienpaket für 300 000 Dollar verkauft, aber
weil die US-Army aus welchen Gründen auch immer
ihren Soldaten und sogar ihren Soldatinnen solche
Geschäfte untersage, müsse das Geld auf ein anderes
Konto überwiesen werden, warum nicht auf meins?
Sie hole sich 270 000 davon in Cash bei mir in der
Schweiz ab, der Rest gehöre mir. Zehn Prozent. Das sei
fair. Und wenn ich damit einverstanden sei, würden
sich die Leute von ihrer Bank für die Details bei mir
melden. Ich sagte nicht Nein. Ich sagte gar nichts mehr.
Ich brach so umgehend wie wortlos den Kontakt zur
US-Army ab und schämte mich still und allein in meinem Kämmerlein. Hatte ich mit einer Frau in Uniform
kommuniziert oder mit einem glatzköpfigen, fetten
Cybercrime-Betrügerschwein? Der sich dabei prächtig
amüsiert. Fotos von US-Soldatinnen auf den Golanhöhen kann sich jedes Kind besorgen. Ich war ein Idiot

gewesen, aber nun war ich es nicht mehr, denn wie es jetzt weitergehen würde, hatte ich schon oft gelesen. Immer wenn Unbekannte große Summen auf dein Konto überweisen wollen, braucht es vorher eine Kleinigkeit, die du zu ihrer Bank transferieren musst, damit das Ganze funktioniert. Und das ist nicht passiert. Zu früh gefreut, Arschgesicht, aber so ist es eben. Im Internet wie im Leben. Beim Geld hört auch die Facebook-Freundschaft auf.

Und wieder ward Platz geschaffen in meinem FB-Freundeskreis. Aber eine junge Bankerin aus Düsseldorf füllte ihn alsbald aus. Das war eine ganz andere Nummer. Ein bisschen *fame bitch*, ein bisschen Vaterkomplex, ein bisschen ehrliche Wertschätzung meiner Bücher, aber auch wieder ein bisschen zu jung, doch im Gegensatz zu Jenny war sie schwarzhaarig und kam auch sonst auf die junge Loren. Ihre Fotos verhießen ein rattenscharfes Modell, und so ging sie auch ran, was dazu führte, dass ich ihre versauten Messages zu vermissen begann, wenn sie nicht täglich eintrafen. Versaut, aber nicht stillos. Sie hatte es wirklich drauf, ich auch, ein Pingpong erstklassiger Zweideutigkeiten ging hin und her, bis sie eindeutig wurde. Auch sie schlug ein Treffen in der Schweiz vor. Aber im Ernst. Sie musste für eine Woche zu Bankgeschäften nach Zürich und St. Moritz, mietete dafür einen Porsche Cayenne und fragte dann mehrmals nach, wo ich blieb.

In der Bar eines Business-Hotels stand dann der Realitätscheck unserer FB-Affäre an. Frauen sind bekanntlich das eine, und Fotoshop ist das andere. Und dass man sich schriftlich gut versteht, bedeutet nicht zwingend, dass man sich auch riechen kann. Das ist wichtig. Nicht das Auge, sondern die Nase entscheidet, mit wem sich der Körper paaren will. Ein uraltes Programm. Und sie roch fantastisch. Dazu trug sie ein Business-Kostüm, das ihre Taille betonte, ihre Beine, eigentlich all ihre Primärreize, und als sie mal kurz zur Toilette ging, schaute ich dem Ganzen hinterher, und das Herz wurde mir schwer. Die klassische Hölle stand an. Ich würde ihr verfallen, das ging gar nicht anders. Es ist immer der alte Mann, der dran glauben muss, nie die junge Frau. Und sie war nicht nur zu jung, sondern auch zu sehr auf den Punkt. Diese nur siebenundzwanzigjährige Bankerin aus Düsseldorf war der Prototyp meines Typs. Ich kenne meine Schwächen. Und die der Frauen kenne ich auch. Wenn du ihnen verfällst, verlassen sie dich. Auch das ist ein uraltes Programm. Und was kommt dann? Keine Frage. Dafür kenne ich zu viele verlassene Männer in meinem Alter. Dem dritten Frühling jäh entrissen, sehen sie nicht mehr zehn Jahre jünger, sondern zwanzig Jahre älter aus als die Durchschnittserscheinung ihres Jahrgangs.

Sie blieb etwas länger auf der Toilette, als ich vermutet hatte, und ich ging für eine Zigarette auf die Terrasse der Bar. Die frische Luft in Kombination mit dem zwar noch vorhandenen, aber nicht mehr alles bestimmenden und einen in jede Scheiße hineinreitenden Testosteron ließ eine erwachsene Entscheidung reifen, ohne dass ich stolz darauf gewesen wäre. »Was der Zahn der Zeit getan, das sieht nur der Lump als Besserung an.« Ich benutze das Zitat häufiger, denn mein Vater hatte es oft gesagt. Und der musste es ja wissen. Ursprünglich geht es auf Wilhelm Busch zurück.

Zurück am Tisch, saß auch sie wieder da. Und sie lachte.

»Ich habe dich grad beobachtet«, sagte sie. »Und ich konnte die Gedanken geradezu durch deinen Schädel rattern sehen.«

»Und was dachte ich?«

»Du bist schockiert darüber, wie jung ich bin.«

»Kluges Kind.«

Ich fuhr nach Haus, statt mit ihr ins Bett zu gehen. Das war das einzig Richtige. Und natürlich bereue ich es noch heute. Um den Ärger zu verarbeiten, machte ich ein Theaterstück daraus.

14. KAPITEL

Das Theater mit den Schuldgefühlen

Ankläger: die Erinnerung. Pflichtverteidiger: Jesus. Und der Richter? Weiß man nicht. Vielleicht ich. Ganz sicher ich. Wer soll sonst das Urteil fällen? Wer kennt die Wahrheit über mich besser als ich.

Die Anklage hat das Wort.

»Euer Ehren, wir haben es hier nicht nur mit einer Nichtkooperation mit dem Schicksal zu tun, sondern auch mit einem notorischen Wiederholungstäter. Der Angeklagte hat an dem besagten Abend in der Hotelbar nicht zum ersten Mal sein Glück mit Füßen getreten. Uns liegt eine Liste ähnlicher Straftaten von ihm vor, die ich hier aber nicht ablesen möchte, denn sie würde ein Buch füllen. Wahrscheinlich wäre auch eine Trilogie, selbst eine Netflixserie mit neun Staffeln denkbar und …«

Der Richter unterbricht ihn.

»Herr Staatsanwalt, mäßigen Sie Ihren Zynismus.«

»Bei allem Respekt, Euer Ehren, das ist kein Zynismus. Das ist Sarkasmus. Und den Unterschied muss ich sicher nicht erklären. Aber seis drum. Zynismus ist Aggression, Sarkasmus ist Notwehr. Und die Beweislage ist, um wieder zum Thema zurückzukehren, lückenlos eindeutig. Für beide Vergehen. Der Angeklagte hat sich ja nicht nur einer Gewalttat, sondern auch eines schweren Betrugs schuldig gemacht.«

»Einspruch«, ruft der Pflichtverteidiger. »Es war ein Selbstbetrug.«

»Aber Herr Anwalt, ich bitte Sie! Es geht doch nicht darum, wen man betrügt, sondern dass man betrügt. Andernfalls wäre das hier kein Gerichtshof der Seele, sondern ein Prozess in einer Bananenrepublik.«

»Einspruch abgelehnt«, sagt der Richter. »Bitte fahren Sie fort, Herr Staatsanwalt.«

»Danke, Euer Ehren. Wie wir alle wissen, ist die Wortgewandtheit ein zweischneidiges Schwert. Sie nützt der Wahrheit wie der Lüge. Der Angeklagte hat als Motiv für seine Nicht-Puderung der rattenscharfen Bankerin aus Düsseldorf die Vernunft und weise Voraussicht ins Feld geführt. Er würde sich verlieben, sie würde ihn verlassen, und dann würde es wie üblich weitergehen. Ich habe dazu einen Ausschnitt aus seinem Vernehmungsprotokoll vor mir liegen. Ich zitiere also hiermit den Angeklagten. Das sind seine Worte.«

Der Staatsanwalt nimmt ein Schriftstück aus seinen Unterlagen und liest es mit einer Spur zu viel Pathos vor:

»Es war immer dasselbe. Wenn fleischgewordene Träume sich mal ein bisschen wegdrehten, ein bisschen abwendeten, ein bisschen Zeit für sich brauchten oder auch ein bisschen Zeit für einen anderen, hätte ich nur souverän reagieren müssen, und Polen wäre nicht verloren gewesen. Was ist souverän? Keine Ahnung. Was ist unsouverän? Dazu weiß ich mehr. Zum Beispiel zu weinen, zum Beispiel zu betteln, zum Beispiel den Helden zu blamieren, der man mal für sie gewesen ist. Vielleicht hatten sie Mitleid, vielleicht spendeten sie Trost, aber an ihre Wäsche ließen sie mich nie wieder.«*

Der Staatsanwalt legt das Schriftstück zu den anderen zurück.

»Wie gesagt, das ist nicht schlecht geschrieben, und so geht es auch noch Seite um Seite weiter, aber wie wir alle wissen, ist das hier keine Lesung, sondern eine Gerichtsverhandlung. Der Angeklagte will also uns und sich selbst glauben machen, er habe die geile Facebook-Freundin aus leidvollen Erfahrungen und der daraus gewonnenen Vorsicht unbefriedigt zurückgelassen und sich selbst natürlich auch, aber wie schon Oscar Wilde sagte …«

Der Richter unterbricht ihn amüsiert. »Ich dachte, das wäre hier keine Lesung.«

»Es ist nur ein Satz, Euer Ehren. Ein wahrer Dichter fasst sich kurz.«

»Na gut, ein Satz, aber nicht mehr.«

Der Staatsanwalt zitiert Oscar Wilde. »Vorsicht ist das, was wir bei anderen Feigheit nennen.«

Das sitzt. Schweigen im Gerichtssaal. Der Angeklagte lässt den Kopf hängen. Seine Schuld steht wie ein Fels im Raum. Der Staatsanwalt ist schwer in Form.

»Wenn ich es abschließend also einmal auflisten darf, womit wir es hier zu tun haben, Euer Ehren: Feigheit vor der Frau. Desertieren in der Hotelbar. Nichtkooperation mit dem Schicksal. Nichts wagen, um nichts zu verlieren. Nicht zupacken, weil man nicht loslassen kann. Nichts können, weil man nicht will. Nichts wollen, weil man ein Weichei ist. Und dieses Weichei verkauft er uns als Weisheit. Bullshit, Euer Ehren. Das kann der Herr Angeklagte gern sich selbst verkaufen, das kann er der Welt verkaufen, aber mir verkauft er es nicht. Die Anklage plädiert deshalb auf schuldig.«

Der Pflichtverteidiger ist dran. Der erdrückenden Beweislast zum Trotz wirkt Jesus sehr entspannt. Entweder ist er ein sehr schlechter oder ein sehr guter Anwalt. Oder einer, der noch einen Trumpf in der Hand hat. Er beginnt sein Plädoyer damit, der Staatsanwaltschaft in allen Punkten recht zu geben. Das gehe ja auch gar nicht anders, die Beweise lägen auf dem Tisch, der Angeklagte sei geständig, alles sei gesagt, nur eines habe man bisher unerwähnt gelassen, darum erwähne er es jetzt. Und das im Übrigen nicht zum ersten Mal und auch nicht erst seit gestern, sondern seit rund zweitausend Jahren.

»Euer Ehren«, sagt Jesus, »vergeben Sie ihm. Mein Mandant wusste nicht, was er tat.«

15. KAPITEL

Mein letzter Sommer?

Fast siebzig Sommer liegen hinter mir, und wenn dieser hier der letzte wär, was würde ich dann tun? Ohne akute Schmerzen zum Zahnarzt gehen? Nein. Das Buch weiterschreiben? Ja. Aber nur zum Spaß. Und was ist mit der Zukunft und all ihren Belangen? Geld, Gesundheit, Beziehungsstatus? Würde ich in meinem letzten Sommer noch heiraten? Warum nicht, wenns keine Umstände macht. Kinder zeugen? Auch das, wenns noch klappt. Muss aber nicht sein, wirklich nicht. Rauchen aufgeben? Warum? Mehr trinken? Ja. Mehr essen? Klar. Es braucht keine Diäten im letzten Sommer. Glatt unvorstellbar. Auch keine Sorgen über das Jahr hinaus. Keine Strategien, keine Pläne, keine Gedanken. Nicht mal an morgen. Und es ist interessant zu beobachten, was passiert, wenn man die Gedanken an morgen nicht mehr akzeptiert.

Heute traf ich F. Ausgeschrieben hört er auf Ferdinand. Er hat aber null Probleme damit, dass man seinen Namen auf einen Buchstaben kürzt. Er ist hochadlig, was seinen Manieren entspricht, und sechs Jahre älter als ich. Auf meine Frage, was mit sechsundsiebzig anders als mit siebzig ist, antwortete er halb zu meinem Erstaunen und halb auch nicht, dass er keine Pläne mehr macht.

»Genau darüber habe ich gestern nachgedacht«, sagte ich, »allerdings nur theoretisch.«

»Ich bin da mittlerweile ein Mann der Praxis«, sagte F. »Schau dir mal die Wiese dort an.«

Er zeigte auf eine etwa dreißig Quadratmeter große Grünfläche neben dem Café.

»Früher waren da nur Rosen. Von einem Gärtner angelegt und gepflegt. Das sah sehr ordentlich aus. Und jetzt?«

Jetzt wuchs da nicht eine Rose mehr, aber alles andere, was die Heimaterde hergibt. Ein Potpourri von Gräsern, Kräutern, Wald- und Wiesenblümchen, und alles wuchs, wie es wollte und wie es sich ergab, ohne Pflege, ohne Gartenschere, ohne Plan. Es war wunderschön.

»Du willst damit sagen, dass ohne zu planen, dein Leben wie eine wilde Sommerwiese ist?«

»Ja.«

»Und vorher war es ein gestutzter Rosengarten?«

»So in etwa.«

F. bittet mich um eine Zigarette. Er nimmt ein paar Züge, bevor er gesteht, dass es die erste seit vier Monaten ist.

»Warum hast du mir das nicht vorher gesagt?«

»Dann hättest du mir keine gegeben.«

»Kluger F. Schöner F. Weiße Haare, aber nicht ein

Quadratzentimeterchen Glatze, schlank und fit, er joggt noch jeden Tag im Park. Und nie hätte ich gedacht, er würde mal das Rauchen aufgeben. Warum hat er das gemacht? Und genauso interessant: Wie hat er es geschafft?«

»Ich bin ausgerutscht, hab mir eine Rippe gebrochen, und danach tat der Husten so weh, dass es keinerlei Probleme mit dem Aufhören mehr gab.«

»Und jetzt fängst du wieder an.«

»Nein«, sagte F. »Ich rauche nicht.«

»Wie man sieht«, sagte ich.

F. lacht. Das ist selten. In der Regel lächelt er, wenn ihm nach Lachen zumute ist. Eine Angewohnheit der Aristokratie, verarmt oder nicht. Die Kommunisten haben zwar seiner Familie alle Schlösser in Slowenien wegnehmen können, aber nicht ihren Stil. F.s Großvater war einer der großen K.-u.-k.-Generäle, und aus F. wurde ein Malermeister. Er hatte nie ein Problem damit. Sein Ego ist so klein wie das einer Kirchenmaus, sein Humor ist größer.

»Das ist Galgenhumor«, sagt F. »Er ist sehr nützlich. Stell dir vor, du wirst zum Galgen geführt. Du siehst ihn da oben auf dem Hügel. Er wartet auf dich. Und trotzdem machst du noch einen Witz und bringst die Gaffer zum Lachen, statt dir in die Hose zu machen. Galgenhumor ist unsere letzte Waffe.«

»Weißt du, was Oscar Wildes letzte Worte waren, bevor er in einer lausigen Pariser Dachkammer starb?«, fragte ich. Und weil er es nicht wusste, zitierte ich ein weiteres Mal meinen Lieblingsdichter.

»Entweder die Tapete ist fällig oder ich.«

F. gönnte sich noch eine Zigarette.

Summer in the city. 35 Grad, kein Lüftchen rührt sich, es ist affenheiß. Die Küchenkraft des Cafés, vielleicht auch die Köchin, sorgt mit einem Gartenschlauch für einen Sprühregen über den Tischen der Schanigärten, zwei Kinder lösen sie ab, die haben die Sprühtechnik noch nicht drauf. Wir werden ein bisschen nass. F. will aber nicht woandershin. Jetzt nicht und gleich eigentlich auch nicht. Das ist das zweite, sagt F., was bei ihm mit sechsundsiebzig anders als mit siebzig ist. »Es ist mir egal, wo ich bin. Ich will nicht mehr weg.«

Weisheit ist das eine, Wien das andere. F. lebt in einer der schönsten Städte der Welt und dort in einem der schönsten Viertel. Gastronomisch voll erschlossen, die Küchen aller Herren Länder, na gut, nicht alle, aber die wichtigsten: Italiener, Vietnamesen, Mexikaner, Türken, Georgier und die Wiener Küche vom Würstelstand bis zum Sternerestaurant. Alles ist da, sogar eine Kellerdiskothek. Nur kein Inder. Und der Augarten, in dem F. zwar langsam, aber konsequent täglich joggen geht, ist gleich um die Ecke, wie auch der Donaukanal und der Prater. Aber ich schätze, der gehört für F. schon zu dem Woanders, das er nicht mehr braucht, weil es egal ist, wo er den Hügel sieht mit dem Galgen obendrauf.

Das ist hart und eigentlich auch nicht notwendig. Ich mache deshalb F. mit meiner Lieblingsauslegung des ewigen Lebens bekannt. Reine Naturwissenschaft.

»Für uns gibt es keinen Tod. Weil wir nicht wissen, dass wir tot sind, wenn wir tot sind. Wir sehen ihn nicht, hören ihn nicht, fühlen ihn nicht, wir kriegen ihn nicht mit. Wir erleben den Tod nicht. Wir erleben nur das Leben. Und das macht es für uns ewig auf ne Art.«

F. reagiert interessiert auf meinen Vortrag, aber nicht enthusiastisch. Befreit hat ihn das nicht. Hatte ich auch nicht erwartet. Zu theoretisch, zu wenig kompetent. Mit siebzig hat man noch ne große Klappe, mit sechsundsiebzig schaut man anders aus der Wäsche. Die Deadline am Ende unserer Tage, am Ende unserer Wege, am Ende. Aber so nah dran ist, was meine Einschätzung betrifft, F. auch noch nicht. Seine Haare, seine Gene, seine aufgeräumte Seele haben das Potenzial für weitere zwanzig Jahre. Und seine Familie hat von all ihren Schlössern und Ländereien in Slowenien dann doch noch einen Wald zurückbekommen. Die Fichte ernährt sein Alter.

F. dankt es ihr mit Schwärmereien. »Die Fichte boomt. Weltweit! Alle wollen Fichte.«

»Warum?«

»Sie wächst sehr gerade. Das gibt gute Bretter. Außerdem wächst sie sehr schnell.«

Die Gewinne werden geschwisterlich geteilt, niemand wird reich, aber zweitausend Euro monatlich sind für F. drin, und mehr braucht er auch nicht. Ein Glückskind. Wer einen Wald zum Freund hat, der hat auch Wein. F. bestellt seinen zweiten Zweigelt, und was den Umgang mit der Endlichkeit betrifft, beschließt er, es wie die *Green Berets* anzugehen.

»Du weißt, wer die sind?«

»Na klar, die harten Jungs der US-Army. Und was sagen die, wenn sie den Galgenhügel sehen?«

»Don't panic early.«

16. KAPITEL

Don't panic early *oder*
Die letzten Zähne, 2. Teil

Nachdem das absolute Provisorium des Dr. Ruck-zuck aus Wien rund sieben Monate tadellos gehalten hatte, wurde ich leichtsinnig im Umgang mit Nüssen, und das führte zu ein paar Strukturveränderungen bei dem Zahnlücken-Übertünchungsmaterial, an denen sich nun meine Zunge ritzte. Leicht, aber so penetrant, dass mich der Vorgang an die chinesische Wasserfolter erinnerte. Ein Wassertropfen nach dem anderen fällt auf immer dieselbe Stelle am kahl rasierten Schädel, und nach einem Tag oder nach einer Woche, das ließe sich recherchieren, fühlt sich jeder dieser Tropfen wie ein Nagel an, der eingeschlagen wird. Nun könnte man der Zunge natürlich sagen, sie solle es einfach lassen, ständig über die Zacken des Provisoriums zu fahren, prüfend, masochistisch oder sonst wie zwanghaft und besessen vom

Weiter-und-weiter-Ritzen. Nach drei Tagen brannte die Zunge wie Feuer.

Ich wusste, was zu tun war. Das Provisorium gehörte ein wenig glatt geschliffen, und das wärs gewesen, wenn ich nicht Dr. Dr. J. für die Schleifarbeiten gewählt hätte. Auf eine Empfehlung hin. Und auch als vierte Meinung zur Gesamtbaustelle. Die Meinung eines Spezialisten, Implantologe der ersten Stunde, irrsinnige Erfahrung, über zwanzigtausend Operationen. Eine zwanglose Expertise, ein unverbindlicher Rat und nebenbei die Zacken weggemacht, so der Plan.

Erstklassige Praxis in erstklassiger Lage, weitläufige Altbauwohnung, Warteraum wie ein Wiener Caféhaus. Behandlungsstuhl wie im Raumschiff Enterprise, bequemer lag ich nie beim Zahnarzt. Zwei blonde Assistentinnen mit Pferdeschwanz, er selbst auch blond, lange Haare sogar und in meinem Alter. Ein Zahnarzt mit siebzig und ohne Parkinson ist keine schlechte Wahl. Erfahrener geht es nicht. Überall an den Wänden erzählen Urkunden, Auszeichnungen und Siegestrophäen aus der Champions League der Implantologen von der Weltklasse des Dr. Dr. J., und das Beste an dem Weltklasse-Mann ist (wie immer) seine Frau, an die er mich weiterreichte, als er mit dem Glattschleifen des Provisoriums fertig war.

Entweder ist seine Frau ein Naturtalent im neurolinguistischen Programmieren oder einfach nur so hammergut drauf. Und schön. Sie lacht vielleicht eine Spur zu übertrieben, aber nicht falsch. Es kommt von innen. Ein Engel. Eine Zauberfee. Mit einer Handbewegung malt sie schöne Dinge in den Luftraum über ihrem Schreibtisch. Schöne Zähne zum Beispiel. Meine sähen ja wirklich furchtbar aus. Die nehme ihr Mann einfach raus, sagte sie strahlend, und dieses »Drei! Zähne! Ziehen!« hörte sich aus ihrem Mund an wie ein einfaches Mitesser-Ausdrücken. Und danach … sie zauberte zwei Metallstäbe in ihre Hand … kämen die hinein. Die besten Implantate zurzeit und weltweit. Reiner Luxus. Der Rolls-Royce im Mund. Und wie hört sich das an?

»Super hört sich das an. Aber sagen Sie mal, sind Sie immer so gut drauf?«, fragte ich.

»Ja, ich weiß auch nicht, warum. Ich bin einfach so.«

Anschließend und wieder wie aus dem Nichts präsentierte sie ein Döschen zwischen Daumen und Zeigefinger ihrer rechten Hand. Etwas Braunes war drin. Knochenspäne aus Australien für den Knochenaufbau in meinem Unterkiefer. Von eigens dafür gezüchteten Kühen. Nicht von Schweinen, nicht von Hunden, nicht von Katzen. Kühe aus Übersee mussten für meine Zähne ihr Leben lassen. *No problem,* ich trag ja auch Ledergürtel ohne Gewissensbisse und sitz auch gern in Ledersesseln, aber wenn sich die Knochen von Kühen mit meinen verbinden sollen, kann man sich schon mal ein paar Gedanken darüber machen. Warum nicht gleich Krokodilszähne? Die wachsen immer nach. Haifischzähne auch. Kann man uns Adlerflügel implantieren, mit denen wir fliegen lernen? Ich erinnerte mich an diesen superlustigen Science-Fiction-Film, in dem bitterböse, kleine grüne Männchen die Köpfe von Menschen auf den Rumpf von Hunden operieren. Aber die Gattin des Zahnarztes wischt meine aufkeimenden Bedenken mit einem Lächeln weg. Mehr noch, sie wischt sogar jeglichen Protest aus meinem Gesicht, meinem Gehirn und meinem zentralen Nervengeflecht einfach so mit ihrer Zauberhand fort wie Staub, als es um die zwei Wochen totales Rauchverbot nach der Operation geht. Weil das Nikotin gern zwischen dem Implantat und dem Kieferknochen Platz nimmt, muss das einfach sein. Ich hörte es, ich verstand es auch, und trotzdem erhob ich mich nicht auf der Stelle aus meinem Stuhl und eilte zur Praxis hinaus. Warum nicht? Weil das Beste immer zum Schluss kommt. Die neuen Zähne. Nach sechs Wochen werden sie draufgeschraubt. Und halten bis zum bitteren Ende. Egal, wie nah oder wie fern das für mich ist. Frau Dr. Zauberlächeln formulierte es natürlich positiver: »Sie halten Ihr Leben lang. Auch bei Äpfeln, Vollkornbrötchen, Nüssen. Und, ach ja, bevor ich es vergesse: Vorher gibt es noch zwei kleine Pikse, damit Sie nichts spüren und die Operation ganz entspannt genießen können.«

Wow! Ich kam, um in meinem Mund ein paar Zacken glatt schleifen zu lassen, und ging mit einem Termin für die Großbaustelle. In genau sieben Tagen. Das beruhigte mich. Ich hatte sieben Tage Zeit, um den Termin wieder abzusagen. Wieder zu Hause, meditierte ich erst mal eine Stunde und sah danach erwartungsgemäß auch wieder klar. Schöne Zähne sind das eine, schöne Sätze das andere. Und ich schreibe keine Zeile ohne Zigarette. Seit immerhin einem halben Jahrhundert nicht. Um das zu ändern, brauche ich vielleicht nicht noch mal fünfzig Jahre, aber zwei sicherlich. Zwei Jahre oder mit titanischer

Willenskraft vielleicht auch nur zwei Monate, aber während der aktuellen Entzugsphase geht gar nichts.

Muss aber gehen. Oder arbeite ich etwa gerade nicht an einem Buch? Und habe Deadlines? Und nur noch neun Wochen Zeit? Davon will ich zwei Wochen für meine Zähne verplempern? Warum? Um mehr Druck zu machen? Wieso? Weil Deadlines brennen müssen, um Sätze glühen zu lassen? Alle Fragezeichen können hier übrigens getrost durch Ausrufezeichen ersetzt werden.

Und die innere Stimme sprach zu mir: »Natürlich werden wir das nicht machen. Nicht jetzt. Denn jetzt machen wir schön einen Schritt nach dem anderen. Erst das Buch. Dann die Zähne. Und aufgehoben ist bekanntlich nicht aufgeschoben.«

»Was?!«

»Sorry, aber auch innere Stimmen leisten sich manchmal einen freudschen Versprecher.«

»Ach so.«

Einen Tag ließ ich den Entschluss reifen, erst am übernächsten suchte ich den Zahnarzt auf. Ich wollte den Termin persönlich absagen, um ihn nicht zu verärgern. Außerdem wollte ich, dass er mir dazu rät, den Eingriff zu verschieben, damit ich auch zu Hause nicht wie ein Feigling behandelt werde. Ich war ziemlich sicher, dass das klappt. Ich hatte gute Argumente. Auch über das Raucherproblem hinaus.

»Herr Doktor, ich muss mich doch noch mal kurz mit Ihnen beraten. Wissen Sie, ich bin Schriftsteller, ich meine, ein professioneller, das heißt, ich lebe davon. Und muss in neun Wochen mit meinem neuen Buch fertig sein.«

»Was für Bücher schreiben Sie?«

»Übers Reisen in der Regel, aber das geht wegen Corona ja grad nicht, darum schreibe ich im Moment über die Reise durch mein Alter. Ich werde siebzig.«

»Ich bin siebzig«, sagte er. »Und wissen Sie, was das einzige Problem daran ist? Die Diskriminierung durch die Gesellschaft. Nur die Gesellschaft fragt sich, warum du mit siebzig noch arbeitest.«

»Da haben Sie wohl recht. Aber meine Frage ist: Nach Ihren Erfahrungen – wie lange werde ich nach unserem Termin am Dienstag wegen der Schmerzen, der Schmerztabletten, der Antibiotika et cetera pp. arbeitsbehindert sein? Drei Tage? Drei Wochen?«

Er zögerte keine Sekunde mit der Antwort.

»Drei Stunden«, sagte er.

»Nicht mehr?«

»Nein, Sie werden drei Stunden leiden. Und danach geht es ihnen besser als vorher. Sie werden auch besser arbeiten können. Das spüren Sie sofort, wenn da vorne in Ihrem Kiefer alles wieder sauber ist. Das ist ja jetzt schon lange ein permanenter Entzündungsherd.«

Wir saßen in seinem Caféhaus-Wartezimmer, er und ich allein. Ein entspanntes Gespräch unter Erwachsenen, aber mit anderem Ausgang als geplant. Der Termin am nächsten Dienstag blieb nicht nur stehen, er stand nun auch noch fester als vorher. Er war geradezu implantiert in meinen Schicksalskalender.

Noch vier Tage. Noch vier Nächte. Noch achtundachtzig Stunden. Dazwischen das Wochenende. Und je näher der Dienstag rückte, desto offensichtlicher wurde mein Selbstbetrug an den Tagen zuvor. Denn es ging nun nicht mehr ums Nichtrauchen und um die Unprofessionalität, die darin lag, es ging, und zwar mit jeder Stunde heftiger, um meine Zahnarztangst.

Das Fünfzigerjahre-Trauma. Angst und Schrecken der Kindheit. Ich bin leider sehr fantasiebegabt und fantasierte mich in jede einzelne Extraktion der zu ziehenden drei Zähne hinein. Das war immer eine Qual, egal, wie betäubt sie waren. Keine Schmerzen, ja, aber es knackte und krachte und riss die Dinge weg. Es gibt so etwas wie einen Vernichtungsschmerz, und so ähnlich fühlte sich Zähneziehen immer an. Vernichtung, nur ohne Schmerz, und dass mir gleich mehrere Zähne während einer Behandlung gezogen wurden, war auch schon drei Jahrzehnte her und trotzdem unvergessen. Und über das, was mir danach blühte, und zwar gleich danach, ohne Pause und Erholungsphasen, wollte ich erst gar nicht fantasieren, denn ich kannte es noch nicht einmal. Trotzdem fantasierte ich über das Unbekannte unentwegt, weil sich a) Kiefer aufbohren und Schrauben reindrehen in meinen Ohren maximal schrecklich anhört, und b) der Schrecken einfach zu stark ist, um sich noch auf etwas anderes zu konzentrieren. Vier Tage, vier Nächte, achtundachtzig Stunden lang, und als es nur noch zwei Tage, zwei Nächte und vierundvierzig Stunden waren, traf ich F., um ihn zu befragen, wie sich mein Sommer in sechs Jahren anfühlen wird. Mein Wiener Freund antwortete bekanntlich mit den *Green Berets* und ihrem Motto, bevor sie in die Schlacht zogen, und das stimmt sicher mit sechsundsiebzig, aber es stimmte auch schon mit siebzig. Ob Galgenbaum

oder Zahnarztstuhl, spielt dabei nur eine Neben-
rolle.

»Don't panic early« half mir dann in den letzten
zwei Tagen und Nächten tatsächlich ungemein. Meine
Fantasietätigkeit prallte an dem Mantra der *Green
Berets* wie an einem mentalen Schutzschirm ab, einem
Energiering im Gehirn, einem Wikingerschild im Herzen, so was in der Art. Danke, F.! Es ist einfach zu
logisch. Denn erstens kommt es immer anders, als man
in Panik denkt, zweitens denkt man in Panik immer
nur an den Super-GAU, und drittens denkt man in
Panik nicht selbst, sondern die Angst fantasiert panisch
drauflos. Das ist nicht akzeptabel. Das gibt der Angst
als Berater einen Stellenwert, den sie nicht haben sollte.
Die Angst darf warnen, aber nicht den Laden über-
nehmen. Sonst kommt kein *Green Beret* ans Ziel. Als
Pazifist kann mir das gefallen, als Zahnarzt-Verwei-
gerer nicht. Einmal in diesen Mottozug eingestiegen,
rollte ich wie ein Elitesoldat der Front entgegen, es
gab noch ein paar letzte Ausstiegsmöglichkeiten,
der Montagnachmittag zum Absagen, zur Not auch
noch der Dienstagmorgen, aber »Don't panic early«
verschloss alle Fluchttüren. Außerdem hatte ich im
Internet recherchiert. Zahnärzte werden bewertet.
Die meisten von so zehn bis zwanzig Patienten. Meiner hatte über hundertfünfzig Bewertungen, und in
jeder stand quasi dasselbe, auch wenn die litera-
rischen Qualitäten sehr unterschiedlich ausfielen.
Die immer gleichen Kernbotschaften über die Arbeit
des Dentisten meiner Wahl aber lauteten: Schmerzlos! Schnell! Erstklassig.

High Noon am Dienstag. Heiß brannte die Sonne,

und kurz waren die Schatten. Nur ein Fluss trennte mich noch von dem Stuhl des Schreckens, und eigentlich wollte ich auf der Brücke noch mal innehalten. Für eine letzte Zigarette, ein letztes Bedenken, eine letzte Chance, einfach »Nein« zu sagen, »leckt mich doch«. Aber die Hitze verhinderte dieses Vorhaben. Nicht nur das Stehenbleiben und die Zigarette, auch der Wille, den letzte Entscheidungen brauchen, war von der Sonne niedergebrannt worden. Ich ging einfach weiter, immer weiter und fand mich in einer psychologisch wie neurologisch hochinteressanten Situation wieder. Szenerien wurden wahr, mit denen ich sieben Tage zuvor nur gespielt hatte. Vor einer Woche brauchte es keine *Green Berets*, keine Panikblocker, keinen Heldenmut, weder für das eine noch für das andere. So wie ich problemlos »Ja« zur Kieferoperation gesagt hatte, hätte ich auch ohne Probleme »Nein« sagen können. Niemand hätte mir daraus einen Strick gedreht. Ich nicht, der Arzt nicht, die Welt nicht, niemand, nicht mal die Zähne. Ich hatte ja keine Schmerzen mehr, nachdem die Zacken des Provisoriums geglättet worden waren. Noch nie bin ich ohne aktuellen Schmerz zum Zahnarzt gegangen und schon gar nicht zu einem so massiven Termin wie diesem. Ein ähnlicher Aufwand in meinem Mund wurde das letzte Mal vor dreißig Jahren getrieben, aber da hatte mir eine Kubanerin mit ihrer Teetasse die Zähne eingeschlagen. Da hatte ich keine Wahl. Jetzt hatte ich sie und trotzdem vor einer Woche das Spiel mit dem zeitnahen Schreckenstermin gewählt. Wie dieses Spiel täglich an Leichtigkeit verlor, um schließlich tonnenschwerer Ernst zu werden, hätte ich auf den letzten Metern zur Praxis gern noch ein bisschen besser verstanden. Dieses Analysieren und Überwinden der Ängste, dieses Motivieren und mentale Manipulieren, dieses Jetzt oder Nie – plus das Mutproben-Ding, dieses »Auf in den Kampf, und es gibt kein Zurück!«, dieser ganze Rocky-Scheiß fühlt sich vielleicht nur wie ein Termin mit dem Schicksal an. Ist es aber vielleicht in Wahrheit nicht. Sondern nur ein Termin. Den ein freier Mensch auch jetzt noch absagen kann. Aber ich war nicht mehr frei.

Gott sei Dank!

Das Wiedersehen mit der Zahnarzt-Gattin stand an. Sie wirkte auf mich wie beim ersten Mal. Alles wird gut, und das ohne Widerrede. Und ohne Warten. Ich war sofort dran. Da standen sie, der Doktor und seine beiden blonden Assistentinnen, um den Behandlungsstuhl gruppiert. Ich durfte mich setzen, ich wurde in Position gelegt. Eine Blondine zur Rechten, eine zur Linken, beide trugen Mundschutz, waren aber in den oberen Gesichtspartien so sorgfältig geschminkt wie Schleier tragende Musliminnen, die nur ihre schönen Augen haben, um Männer verrückt zu machen. Und der Meister hielt im Folgenden alles, was ich über ihn von seiner Frau gehört und im Internet gelesen hatte. Wie angekündigt, fühlte ich von den ersten Spritzen nur einen Piks, und als er dann die zweiten Spritzen ankündigte und sagte: »Die gehen tiefer in den Kiefer. Aber davon dürften Sie jetzt nichts mehr spüren«, glaubte ich ihm und spürte auch nichts mehr. Gar nichts. So baut man Vertrauen auf. Nur so. Denn jetzt ging es ans Zähneziehen. Er hatte dafür nichts wirklich Bedrohliches in der Hand. Keine Zange, kein

Brecheisen, sondern nur einen kleinen Doppelhaken, so wie eine halbe 8. »Sie werden es im limbischen Gehirn knacken hören, mehr wird nicht geschehen«, sagte er und zeigte mit dem Finger auf die Stelle an der Stirn, hinter der es knacken wird. Und zwei Dinge geschahen. Erstens hörte ich genau dort das Knacken, als er mir den Zahn rausnahm, und zweitens brauchte er dafür nicht mehr als eine Sekunde oder so, nicht mehr als einen Ruck. Nicht mehr als einmal Knacks im limbischen Gehirn, und der Zahn war draußen. Und er zeigte ihn mir sofort. Ich konnte es kaum glauben. Und knacks, war ich den zweiten Zahn los, und knacks, den dritten, und das wars. Maximal zehn Sekunden für drei Zähne. Und außer dem Knacken (und das auch nur akustisch) hatte ich nichts dabei gefühlt. Von nun an konnte er machen und tun, was er wollte, ich blieb entspannt. Und weil es nicht mein Ding ist, die Instrumente zu studieren, die ein Zahnarzt während der Behandlung zum Einsatz bringt, hatte ich meinen Blick den schönen Augen seiner Assistentin zugewendet. Dazu atmete ich laut.

Laut und gleichmäßig, schwer und tief, ein tiefer Fluss ohne Stromschnellen, Strudel, Blockaden oder andere Überraschungen. Meditation im Zahnarztstuhl, so hatte ich mir das in den vergangenen Tagen nicht zurechtfantasiert. Null Schmerzen, keine Panik, nur Vertrauen, das mit jeder seiner Ansagen weiterwuchs, weil er sie jedes Mal hielt. »Was Sie jetzt spüren werden, fühlt sich wie ein Finger an, der über Ihren Handrücken streicht«, sagte er vor dem Auffräsen des Kieferknochens. Und genauso fühlte sich das an. Und irgendwann sagte plötzlich die Blonde mit den schönen Augen, der blauen Mundmaske und der Stimme einer Siri im Raumschiff Enterprise:

»Implantat eins, implantiert.«

Und kurz darauf:

»Implantat zwei, implantiert.«

Und das wars im Prinzip. Es kamen noch die Knochenspäne der australischen Kühe drauf, die Wunden wurden zugenäht und provisorische Zähne auf die Implantate geschraubt. Uhrenvergleich. Um 12 Uhr hatten wir begonnen, um 12.50 Uhr durfte ich mich erheben und irgendwie nach Hause schweben.

Irgendwie, aber selig.

17. KAPITEL

Eine Woche nicht rauchen nach fünfzig Jahren Kette

Ich schwebte a) wegen der unerträglichen Leichtigkeit einer modernen Kieferoperation irgendwie, aber selig nach Hause und b) wegen des Erkenntnisgewinns. Die Angst vor dem Galgenbaum ist schlimmer als der Galgenbaum. Natürlich spielten auch biochemische Prozesse mit in diese Seligkeit hinein. Ein Woche Superstress, unnötig, aber real, und jetzt war das Adrenalin weg, einfach weg, und da war nur noch sein Gegenteil, so eine Art inneres Bio-Opiat. Und der Wunsch nach einer Belohnung obendrauf. Ein Joint war mir wegen des Nikotinverbots untersagt, aber ein Haschisch-Joghurt müsste sich ausgehen.

Ich hatte das Rezept quasi sofort im Internet gefunden, als ich zu Hause ankam. Man lege so viel Haschisch, wie man auch für einen Joint nimmt, auf einen Esslöffel oder Ähnliches, lege dazu ein Stück Butter oder Kokosnussfett in der gleichen Menge und erhitze das Ganze so lange, bis es sich zusammengebrodelt hat. Erst das setzt den Wirkstoff THC frei. Es muss dampfen, egal wo und egal wie, bevor es high macht und in den Joghurt kommt. Plus einen Löffel Honig oder zwei, ganz nach Gusto. Gewarnt wurde generell vor einer Überdosis und speziell vor dem Nachlegen, falls man nicht schnell genug eine Wirkung verspürt, weil Haschisch im Joghurt länger braucht, um das Gehirn zu aktivieren, als Haschisch in der Zigarette. Viel länger. Durch die Lunge wirkt Cannabis sofort, durch den Magen erst nach einer Stunde. Ich machte mir nicht viel aus den Warnungen, weil ich eine THC-Überdosis nicht fürchtete. Da war ich alter Hase. Da kannte ich mich aus.

Eine Stunde später.

Eine THC-Überdosis ist nicht tödlich. Noch nie ist jemand daran gestorben. Es gibt auch keine Folgeschäden. Niemand läuft irgendwohin und macht Blödsinn, wenn er zu viel Haschisch intus hat, denn eine Überdosis dieser Droge kappt auf der Stelle jeglichen Bewegungsdrang. Idealerweise auf dem Bett. Es klappt aber auch auf dem Teppich, auf der Parkbank oder wo immer es einen erwischt hat. Hauptsache ist: Man bleibt liegen, ob man es will oder nicht, bis die Wirkung nachlässt oder man eingeschlafen ist. Damit haben sich die guten Eigenschaften der Überdosis verbraucht, aber es gibt auch eine schlechte. Eine temporäre, vorübergehende Geisteskrankheit. Sie heißt Paranoia und grenzt an Wahnvorstellungen. Zum letzten Mal erlebt vor etwa zwei Jahren in L. A. Da war es kein Joghurt, sondern ein THC-überladener Müsliriegel, der mir zu stark einfuhr und aus dem netten kleinen Hotel in Hollywood ohne Übergang und auch ohne irgendeinen real existierenden Anlass plötzlich eine Horrorbude mit Psycho–Killern vor meiner Zimmertür machte. Einfach so. Damals wie heute. Die aktuelle Fehleinschätzung der Lage, der Joghurt-Wahnsinn, wenn man so will, knöpfte sich den eben noch von mir als besten Implantologen der Welt gefeierten Zahnarzt vor und machte aus ihm einen Dr. Dr. Frankenstein, der mir grad zwei Schrauben in den Kiefer gerammt hatte, schmerzlos zwar, aber das nur beim ersten Mal, alle Folgeoperationen, die ich kommen sah, würden furchtbar werden. Schwerer Fehler, große Falle. Albtraumhaft. Dr. Dr. Frankenstein hat meinen Kiefer übernommen. Und das ist nicht mehr mein Gesicht. Und ich bin nicht mehr ich. Ohne Mitte, ohne saubere Chakren-Aufhängung, ohne Willen.

Gott sei Dank! Nur ein Traum. Ich komme wieder zu mir, langsam, viel zu langsam, wie tief muss er gewesen sein, dass ich aus diesem Albtraum wie ein Taucher aufsteige, der Pausen für den Druckausgleich einlegen muss. Und wo bin ich? Auf meinem großen Bett. Wie lange schon? Keine Ahnung. Und ist es wirklich wahr? Das Erwachen? Der Traum? Der Horror im Schlaf? Oder war ich doch beim Zahnarzt? Und wenn ja, wie kam ich nach Hause? Ich konnte mich partout nicht daran erinnern. Nicht an die kleinste Kleinigkeit. Nächste Frage: Was ist mit Aufstehen? Schaffst du das? Nein, ich schaffte es nicht. Und: Déjà-vu. Das habe ich schon mal erlebt, genau das, dieses Nichtwahrhabenwollen gegen das unerbittliche Wahrhabenmüssen, noch immer halb unter Wasser, halb schlafend, halb nachträumend.

Fakt war: Mir fehlten drei Zähne im Unterkiefer, dafür steckten zwei Schrauben drin. Implantate, ich weiß, aber auf dem Röntgenbild sehen sie wie Schrauben aus. Oder ist das Röntgenbild Teil des Traums? Fakt war außerdem, ich wachte aus zwei Hammerbetäubungen gleichzeitig auf. Die des Joghurts ließ nach, die des Zahnarztes auch. Ein Zahnarzt übrigens (Fakt Nr. 3), der schon wieder recht behielt. »Sie werden drei Stunden leiden, mehr nicht«, hatte er gesagt. »Danach geht es Ihnen besser als vorher.«

Gefühlt waren es drei Stunden, aber ich hab nicht auf die Uhr gesehen, es können also auch nur zweieinhalb gewesen sein oder vier, jedenfalls schlief ich noch vor Mitternacht richtig ein und wachte am nächsten Morgen richtig auf, und alles fühlte sich richtig gut an, ja, wie er gesagt hatte, eigentlich besser als vorher, weil dieser permanente Entzündungsherd in meinem Mund ausgeräumt und gesäubert war. Ein neuer Tag begann, ein neues Leben vielleicht, auf alle Fälle aber eine neue Herausforderung. Weil die wunderbare Frau meines Zahnarztes Verständnis dafür aufbrachte, dass ich ohne Zigaretten nicht schreiben kann, keine Zeile, ohne Chance, da fange ich gar nicht erst an, hatte sie in meinem Fall ausnahmsweise das zweiwöchige absolute Rauchverbot auf eine Woche reduziert. Nur sieben Tage, aber, wie gesagt: ABSOLUT. Die brutalen Ängste der vergangenen Woche hatten mich das drohende Rauchverbot vergessen lassen, jetzt stand es zur Debatte. Nein, so war es nicht. Es gab keine Diskussionen. Ich hatte mich entschieden, ich ziehe es durch. Nicht für immer, nur für eine Woche. Als zahnmedizinische Notwendigkeit, als Willensübung, als Extremabenteuer, als Grenzerfahrung, als Bewusstseinsexperiment, als etwas völlig Neues.

Ich rauche seit meinem sechzehnten Lebensjahr. Die ersten zwanzig Jahre Camel ohne, klar, das passte zu meinen Orientreisen, so ab vierzig stieg ich auf die rote Marlboro um, der ich bis heute treu geblieben bin. Ich habe nie versucht, es aufzugeben, denn solange ich rauche, schreibe ich, und solange ich schreibe, rauche ich. Und Schreiben ist mein Leben. Hab ich mir nicht ausgesucht, das hat sich so ergeben. Fast alle Ärzte sind dagegen, nur die Neurologen verstehen mich. Im Gehirn kommt es zu Mutationen. Verbindungen von Nikotin und Neuronen. Und weil mir das Rauchen in der Freizeit genauso viel Spaß machte, komme ich seit fünfzig Jahren auf dreißig bis fünfunddreißig Zigaretten pro Tag. Und ließ mich auch vom Zeitgeist da nicht kirre machen.

Nachdem sich das Rauchverbot in den Redaktionen durchgesetzt hatte, sah ich Verlage nicht mehr von innen, und wenn doch, dann nur superkurz. Das Rauchverbot in den Hotels war schmerzlicher. Für Reiseschriftsteller sind Hotelzimmer Schreibstuben. Dasselbe gilt für Cafés. So wurden die USA und Kanada zu einem No-Go-Gebiet für mich, Serbien, Griechenland und China dagegen nicht. Wien hielt sich auch ziemlich lange. Das absolute Rauchverbot in der Gastronomie haben die Österreicher erst seit 2019 zu beklagen. So what. Ich gehöre zu den letzten Mohikanern sowie transkulturell zu den letzten Cowboys im

Abendrot, ich kann da nicht anders, es liegt mir im Blut. Mein Opa hat auch bis zum Ende geraucht, und bekanntlich überspringen die Gene gern eine Generation. Man kommt eher auf die Großeltern als auf die Eltern. Deshalb glaube ich an das Menschenrecht auf die letzte Zigarette vor dem letzten Atemzug.

Aber auch an das Recht auf die erste Zigarette vor dem Frühstück. Zum ersten Kaffee. Und plötzlich war es da, das schwarze Loch in meiner Küche. Am Tag eins nach der Kieferoperation. Nikotin und Koffein sind ein Geschwisterpaar, sie gehören nicht auseinandergerissen, wurden es jetzt aber der Umstände halber. Ich habs überlebt. Doch gleich nach dem Frühstück wartete das nächste schwarze Loch auf mich. Die Verdauungszigarette. Der gerauchte Nachtisch. Und was jetzt? Raus hier!

Bis zum Park ging das gut, im Park nicht mehr lang. Als ich mich auf eine Bank gesetzt hatte, saß das schwarze Loch plötzlich wieder neben mir. Wie ein Hund. Ich hatte immer geraucht, wenn ich auf einer Parkbank saß und die Sonne genoss. Jetzt wurde das Genießen schwer. Ich blieb deshalb nicht lang auf der Bank, sondern in Bewegung. Nächstes Ziel: eine Gelateria in der Stadtmitte. Ich wollte die Belohnungsroutine meines Gehirns manipulieren und das schwarze Loch mit zwei Kugeln Stracciatella zuschmieren. Oder mit einer Kugel Stracciatella und einer Kugel Erdbeere. Das wird man sehen. Auf dem Weg fiel mir auf, dass ich zu schnell ging. Zu getrieben. Das schwarze Loch war hinter mir her. Und dann schon wieder vor mir. An der nächsten roten Fußgängerampel wartete es auf mich. Ich habe immer die Wartezeit vor einer

Ampel für eine Zigarette genutzt. Heilige Scheiße! Wie lang werden sieben Tage im schwarzen Loch?

Das Eis half, das Gehen half, das Essen half, Netflix half, und das Abzählen der verbleibenden Nichtraucher-Stunden und -Tage half auch. Aber am meisten half mir folgender Gedanke. Atmen ist eigentlich das Gleiche wie Rauchen, oder? Ich hatte das schon lange vermutet. Das Leben ist Wandlung, und der Atem die einzige Konstante in dem Tohuwabohu, und die Erinnerung daran ist die halbe Miete beim Rauchen. Die andere Hälfte erledigte das Nikotinpflaster. Für Leute, die das Rauchen endgültig aufgeben wollen, kann ich es nicht empfehlen, aber für eine Woche ist es ideal. Es verhindert den *Cold Turkey*, den kalten Entzug. Dieser Schrei des Körpers nach der Droge bleibt aus, den ich von Interkontinentalflügen kenne. Wenn ich nach zehn Stunden im Zielflughafen noch immer nicht wieder rauchen darf. Das Pflaster schaltet das aus. Auch den kleinen Entzug, das erste Aufflammen der Nikotinsucht nach einer Stunde oder so. Was bleibt, sind die Ketten der Gewohnheiten. Die Zigarette zum Kaffee, die Zigarette zum Wein, die Zigarette zum Denken, die Zigarette zum Nichtdenken, die Zigarette zum Reden, die Zigarette zum Schweigen, die Zigarette vorher, nachher und mittendrin und natürlich all die Zigaretten zur Bewältigung von Problemen, egal welchen, den großen, den kleinen, den klitzekleinen, die Zigarette gegen die Langeweile, die Zigarette gegen ihr Gegenteil, den Stress, die Zigarette gegen die Zukunftsängste, aber auch gegen die Ängste der Gegenwart sowie die Zigarette als Antwort auf alle ungelösten Fragen: Woher komme ich? Wohin gehe ich? Und wie viel Zeit bleibt mir? Scheiß drauf. Zigarette. Beziehungsstatus? Kontostand? Klimaerwärmung? Was solls? Zigarette. Kausalzusammenhänge zu erkennen, ist das Drama des Menschen. Er weiß um seinen Tod. Darum fürchtet er ihn, wie Tiere ihn nie fürchten können. Shit happens. Zigarette. Und das alles wäre schön und gut, wenn die Zigarette tatsächlich eine Antwort hätte. Hat sie aber nicht. Sie tut nur so. Nichts verändert sich, nichts verbessert sich, nichts löst sich durch eine Zigarette. Sie hält ihr Versprechen nicht.

Jesses, bin das wirklich ich? Ja, aber nur für eine Woche. Versprochen. Länger schaffe ich das nicht. Aber Respekt vor allen, die es konsequent aufgeben konnten. Ihr seid das Heldengeschlecht der Moderne. Ich gehöre nicht dazu. Ich bin nur ein Held für sieben Nächte. In der dritten wachte ich auf und stellte fest, dass mir der Atem gut schmeckte, ja, dass er mich sogar sättigte und irgendwie behütete. Wie ein fließendes Zuhause fühlte er sich an, und weil er sich am nächsten Tag und am übernächsten auch noch so anfühlte, sah ich darin schon einen deutlichen Gewinn an Lebensqualität. Egal wo ich saß, stand, lag oder ging, griff ich im Zweifelsfall nicht auf die Zigarette, sondern auf den Atem zurück, und das verlangsamte nebenbei auch meinen Gang. Wenn der Atem zum Fluchtkanal aus quasi jedem Problem geworden ist, tut Eile nicht mehr not.

Nach sieben Tagen war der Spuk vorbei, trotzdem begann ich nicht sofort wieder mit der Raucherei. Ich schob es noch ein wenig hinaus. Bereit für das nächste Experiment? Die größte Herausforderung. No smoking in my office. Schreiben ohne Zigarette. Wenns klappt, bin ich der Größte, wenn nicht, ist das auch nicht schlimm, dann fang ich halt sofort wieder mit den falschen Antworten an. Beim Schreiben ist die Zigarette die Antwort auf jedes fehlende Wort, auf jede fehlende Idee, auf jedes Loch an Kreativität. Aber sie ist auch der Punkt nach einem guten Satz sowie der Einstieg in den nächsten. Außerdem kann die Zigarette mehr als nur sich rauchen zu lassen. Zwischen den Lippen wird sie zu einem oralen Erlebnis. Das verschaffte ich mir nun mit einem Kugelschreiber. Ich sog auch manchmal an ihm, so als würde ich rauchen. Da war er wieder, der tiefe Atem. Und das versteckte Wort. Noch ein Zug. Noch ein Wort. Und so gings für ein Weilchen.

Hochinteressant wurde auch die Beobachtung der Belohnungssysteme. Wenn ein Satz flutscht, setzt das Glückshormone frei. Belohne ich mich dabei zusätzlich noch mit einer Zigarette, müsste das Ergebnis eigentlich doppeltes Glück sein, und im Umkehrschluss wäre dann ein gelungener Satz ohne Zigarette nur halb so schön, aber wie ich feststellte, war dem nicht so. Es reichte des Schreibers Glück allein. Es war nicht die volle Dröhnung, aber es reichte. Die literaturschaffende Zigarette erwies sich als Illusion.

Alles in allem waren das wertvolle Erfahrungen, nur was meine neue Droge betraf, ist leider Ungutes zu berichten. Sie explodierte. Zweimal. Auch davor hatten sie im Internet gewarnt. Erst schoss aus der Haschisch-Kokosnussfett-Mischung in meinem Schöpflöffel eine beachtliche Stichflamme hervor. Ich blies sie aus. In der Hoffnung, dass es die brodelnde Brühe abkühlen würde, schüttete ich sie über die Milchspeise, und bumm! – explodierte die auch. Welch Strauß an Neuigkeiten. Mir ist noch nie vorher ein Joghurt explodiert.

18. KAPITEL

Die Synchron-Ausdünnung von Testosteron und Ehrgeiz

Als ich sechzig wurde, kam ein Freund und Kollege auf mich zu, der schon immer zehn Jahre älter war als ich, dieses Mal auch wieder. »Du siehst super aus«, sagte er, womit er recht hatte, denn ich hatte gerade eine Lesung im »Uebel & Gefährlich« gegeben, und die Energie des Publikums hübschte mich auf. »Aber ich muss dich warnen«, fuhr er fort. »Zwischen sechzig und siebzig passieren die größten Veränderungen im Leben eines Mannes.« Das war nicht gelogen. Denn nachdem ich nun in das Alter komme, in dem er damals war, erinnere ich mich nur noch schwach an die Jahre, in denen ich mindestens einmal am Tag Sex brauchte. Diese Periode endete irgendwann zwischen vierzig und fünfzig. Danach reichte zweimal die Woche. So ab Mitte sechzig, also fünf Jahre nach seinen prophetischen Worten und nur ein Jahr nach der rattenscharfen Bankerin, wurde viermal im Monat daraus. Weil ich mich ungern dem Verdacht des koketten Understatements aussetze, sei hier noch mal die Messeinheit präzisiert. Es geht nicht um die Tage, an denen ich Sex haben konnte, sondern um die, an denen ich ihn haben musste. Und seit etwa zwei Jahren fällt mir auf, dass sich die biologisch bedingte Alternativlosigkeit nur noch einstellt, wenn Vollmond ist, also nicht öfter als einmal in dreißig Tagen. Dirty old (white) man? Schön wärs.

Wie man sich denken kann, ist diese Thematik für den Small Talk mit jungen Frauen wie geschaffen. »Jeder ist so geil, wie er sich fühlt«, sagen sie, und wenn ich sie richtig verstehe, meinen sie mit dem »Fühlen« eher das Wollen. Der pure Wille. Die blaue Pille. Und immer, wenn das Gespräch an diesem Punkt angelangt ist, frage ich: »Wirklich?« Denn meine Erfahrungen mit den Problemlösern der Pharmaindustrie waren eher sportiv als sinnlich, eher mechanisch als manisch, ich kam wie ein Erledigungsroboter im Bett daher, und dabei dachte ich an alles Mögliche. Ich will das nicht verallgemeinern, aber meine Meinung ist: Sex sollte schon auch Spaß machen.

Mittlerweile macht es mir nicht mal mehr Spaß, über Sex zu schreiben, darum wechsle ich gern das Thema, obschon es kein wirklicher Wechsel ist, weil natürlich alles mit allem zusammenhängt. Obwohl Ehrgeiz nicht sexy ist, hat er mehr mit Sex zu tun, als mir lieb sein kann, denn seitdem mich die Potenz verlässt, verdünnisiert sich mein Ehrgeiz synchron dazu. Dabeisein war für mich nie alles. Ich nahm den

Wettbewerb ernst. Ich wollte gewinnen, und jetzt will ich das nicht mehr. Wie beim Sex kann ein Bestseller durchaus noch mal passieren, aber es ist kein inneres Drängen. Knüpfe ich mir nur den neurotischen Aspekt des Erfolgszwangs vor, ist der Verlust zu verschmerzen, aber für meine Schäfchen, die noch im Regen stehen, ist das keine so entspannende Nachricht. Auch ein Scheißthema.

Nur weil zwei Scheißthemen gleichzeitig aktuell werden, müssen sie nicht ursächlich in einem Zusammenhang stehen. Das kann auch Zufall sein, so wie ein Wasserrohrbruch bei Nikotinentzug. Aber in der Synchron-Ausdünnung von Testosteron und Ehrgeiz kann ich nur schwer einen spontanen Scherz des Schicksals sehen, denn sie haben sich ja auch immer synchron dicke gemacht. Die Lust an der Frau und die Lust am Kampf kamen immer im Doppelpack daher. Nicht nur bei mir, auch im Volksmund, der den mutigen Männern attestiert, dass sie Eier haben. Damit besteht der Held alle Prüfungen, damit massakriert er Drachen, damit gewinnt er Autorennen, Literaturpreise, Boxkämpfe, Königreiche und die Alphafrauen, gemeinhin auch Prinzessinnen genannt. Testosteron ist das Hormon für die Invasion von Lebensräumen, Lebensträumen und Lebensabschnittspartnern, und wenn es sich ausdünnt, nuckelt man halt so, wie ich, mit dreißig Stundenkilometern durch die Straßen, in denen fünfzig erlaubt sind, und mit hundert über die Autobahnen. Ich bin ein Held in den Wechseljahren. Und ich kann nicht klagen, solange es sich einmal in dreißig Tagen offenbart, dass der Wechsel – wohin auch immer – noch nicht vollständig vollzogen ist. Und damit bin ich nun

endlich bei den guten Nachrichten. Es ist grad Vollmond. Trotzdem irritiert mich dieses »wohin auch
immer« schon ein bisschen.

19. KAPITEL

Oxytocin *oder* Altersschwul?

Neulich beim Friseur. Oxytocinschauer übermannen mich, während er sich an meinen Haaren zu schaffen macht. Wie er sie anfasst, wie er sie kämmt, wie er sie schneidet. Das ist schon was anderes als beim Zahnarzt. Ich könnte stundenlang so sitzen. Dass draußen die Welt ins Chaos stürzt, habe ich total vergessen. Das Kuschelhormon macht seinen Job. Augen geschlossen und die Hirnanhangdrüse sperrangelweit offen. Sie ist die Vorratskammer des Oxytocins. Nähe muss belohnt werden, Bindungen sollen sich gut anfühlen, Beziehungen brauchen hormonellen Klebstoff. Mutter und Kind, Pudel und Mensch, Mann und Friseur. Ausgeschüttet von der Hirnanhangdrüse (ich liebe offensichtlich das Wort), bahnt sich das Oxytocin seinen Weg durch die Blutbahnen quasi überallhin. Von der Kopfhaut bis in die Zehenspitzen durchschauert es mich mit Wohlgefühl.

Nachteile gibt es auch. Blindes Vertrauen, wehrlos

und wahllos, jeder könnte das mit mir machen, der ein Händchen dafür hat. Augen auf. Sein Salon sieht aus wie die Startenor-Garderobe eines Opernhauses. Der Coiffeur ist Italiener. Er hat keinerlei Berührungsängste mit dem Barock. Aber auch keine mit dem Jugendstil. Und weil er gleichzeitig auch Schweizer ist, wird das hier vermutlich nicht viel billiger als im Puff. Der Gedanke hat keinerlei besorgniserregendes Potenzial. Das Oxytocin kuschelt alle Geldsorgen weg. Der Mann arbeitet entspannt und konzentriert zugleich. Er liebt Haare, das ist klar zu sehen, aber liebt er auch mich? Hoffentlich nicht.

Augen zu, damit er meine Dankbarkeit nicht sieht. Und zurück ins unverbindliche Verbindende. Zurück in das reine Gefühl. Wohin führt es mich? Schneiden wie Streicheln? Und Streicheln wie Sex? Nein. Das geht bei mir nicht. Aktuell wie auch grundsätzlich. Immer wenn Friseure mal kurz ihren Schwanz an meinen Körper drückten, mit geschlossener Hose zwar, aber deutlich fühlbar, wurde ich fucking sauer. »Ich bin stockschwul, aber leider ekle ich mich vor Sex mit Männern«, sagte ich dann, und wenn ich Glück hatte, lachte der Mann. Wenn nicht, sah ich furchtbar aus, wenn er mit den Haaren fertig war. Der Italiener macht das nicht. Dafür hat er nicht nur zu viel Stil, sondern auch, wie ich hörte, die schärfste Frau in der Stadt. Trotzdem durchrieselt es mich, wenn er mir mit den Fingerspitzen eine Strähne nach hinten streicht oder den Kamm wie eine Feder führt. Riesel, riesel, riesel, und es würde mich mittlerweile auch nicht wundern, wenn ein Starkriesel daraus wird, der mich bis zurück in die Fruchtblase schwemmt. Oder nicht ganz so weit, bis in die Wiege, während Mutter singt. Ich gebe mich dem haltlos hin, aber zugeben will ich es nicht. Er ist nicht schwul, aber vielleicht werde ichs.

»Furcht, Schrecken, Flucht.« So übersetzt sich das griechische Wort »Phobie«. Und »homo« heißt »gleich«. Es gibt Leute, die glaubten, dass ich homophob bin. Und sie hatten recht. Ich liebte die Gesellschaft von Schwulen, weil sie sensibel sind, einfühlsam, verständnisvoll, aber auf die Pelle rücken durften sie mir nicht. Auch nicht ansatzweise. Das galt auch für Heteros. Sobald mir ein Mann körperlich zu nahe kam, knipste sich die Phobie wie ein Schutzschild an. Es reichte schon, sein Bein an meinem zu spüren, wenn man zu zweit auf dem Rücksitz eines Autos saß, und ich verkrampfte mich total. Das ist nicht normal. Wenn Männer sich küssten, egal ob auf der Straße oder im Film, musste ich sofort wegsehen. Das ist auch nicht normal. Einmal ging ich mit einem schwulen Freund spazieren, und er hakte sich bei mir ein. Er hätte sich genauso gut an einem Stück Holz einhaken können. Die Angst vor mir selbst war das alles nicht. Ich bin kein heimlicher Schwuler. Auch kein unheimlicher, den ich unterdrücken, verdrängen, bekämpfen muss. Noch nie hatte ich Lust auf Männer. Noch nie. Ich kann Männer lieben, das ist überhaupt kein Problem, aber mit Männern pudern ist nicht meine Welt. Die Angst vor mir selbst kann es deshalb nicht sein, wenn die körperliche Nähe zu Männern bei mir Furcht, Schrecken und Fluchtinstinkte aktiviert. Aber was dann? Warum diese Phobie? Es dauerte, wie bei solchen

Fragen üblich, mehr als ein halbes Leben, bevor ich darauf die Antwort fand.

Ein Trauma. Wer hätte das gedacht? Aus der Kindheit. Sieh an. Mein Elternhaus war eine Dachgeschosswohnung ohne Bad. Das kam in den Fünfzigerjahren schon mal vor. Und spielt hier eigentlich auch keine Rolle. Ob ich mit meinem Vater in unserer Wohnung oder in einem Mieter-Gemeinschaftsbad im Erdgeschoss unter der Dusche stand, ist hier maximal irrelevant, aber ich erinnere mich halt an die vielen Stufen, die wir hinuntergehen mussten, um sauber zu werden. Ich duschte oft mit meinem Vater, als ich klein war, was zum einen daran lag, dass ich allein deutlich seltener geduscht hätte, und zum anderen, weil es in den Fünfzigerjahren auch nicht ewig heißes Wasser gab. Aber noch nie hatte ich ihn dabei unsittlich berührt. Das Drama nahm erst seinen Lauf, als ich es doch einmal tat.

Aus Neugierde, aus Spaß, ein vorpubertärer Griff an das Ding, aus dem ich mal herausgeschossen kam. Aber selbst das wusste ich damals noch nicht. Unschuldig und unaufgeklärt fasste ich seinen Penis an, und mein Vater rastete aus, wie er noch nie ausgerastet war. Selbst als ich mal beim Tapezieren, statt ihm zu helfen, eine Tapete mutwillig zerriss, weil ich grad keine Lust auf Kinderarbeit verspürte, ist er nicht so ausgerastet, und auch als irgendwann mal herauskam, dass ich ein Jahr lang jeden zweiten Tag die Schule geschwänzt hatte, um keine Hausaufgaben machen zu müssen, hat er mich nicht so angeschrien wie an dem Tag, als die Homophobie an den Start ging. Er schrie wie ein Irrer, er flippte völlig aus.

Worte sind das eine, Blicke, Mimik und energetische Angelegenheiten das andere. Zorn flammte in seinen Augen, entstellte sein Gesicht und dampfte aus seinem Körper wie aus einem Drucktopf, der bestimmt gleich platzen würde. Er wurde nicht handgreiflich, aber die Show war eindrücklicher als der Satz Ohrfeigen beim Tapezieren, und sie dauerte auch länger, obwohl es nur drei Worte waren, die in schierer Endlosschleife aus ihm herausgedonnert kamen. Nein, es waren vier.

»MACH DAS NIE WIEDER!«

Meines Vaters energetischer Blitzkrieg gegen das andere Ufer fuhr mir dermaßen ein, dass ich ein halbes Jahrhundert lang und noch ein bisschen länger mit Furcht, Schrecken und Fluchtinstinkten reagierte, wenn ich mit Schwulen in Berührung kam oder auch mit Männern, von denen ich nur glaubte, dass sie schwul waren. Erst nach seinem Tod verließ mich auch seine Homophobie. Noch einmal: Es war seine, nicht meine. Ein Erbstück, wenn man so will, auf das ich gern verzichtet hätte. All die Male, in denen ich mich verkrampfte, statt das Oxytocin fließen zu lassen, wenn mich Männer zur Begrüßung umarmten oder aus beruflichen Gründen meine Prostata abtasteten, weil ich das Hormon verwechselte. Das zum Kuscheln hat nichts mit schwulem Testosteron zu tun. Aber shit happens nun einmal, und es ist ja auch noch nicht aller Tage Abend, es ist noch nicht einmal das Ende des Friseurbesuchs.

Er muss noch föhnen.

Heiße Luft streichelt nun zusätzlich zu Hand und Kamm meine Haare, meine Kopfhaut und die Neurotransmitter darunter. Mein Gehirn schaltet auf Tropennacht. Auch die Ohren, die Backen, der Hals und der Nacken bekommen davon etwas ab. Die Winde des Südens, die Feuerpartys am Strand, die Tuk-Tuk-Fahrten durch Siams Königsstadt, all das weht mich an. Die Kuschelhormon-Orgie erlebt ihren Höhepunkt beim Föhnen, und ich kann es mittlerweile ohne Phobien genießen, aber dass mir danach die Frisur nicht mit Sperma, sondern mit Kokosduftwachs modelliert wird, finde ich durchaus noch immer angebracht.

20. KAPITEL

Friede sei mit mir oder Das Theater mit den Schuldgefühlen, 2. Teil

»Lebe ein gutes, ehrbares Leben! Wenn du älter bist und daran zurückdenkst, wirst du es noch einmal genießen können.« Wer sagte das? Na klar, der Dalai Lama. Leider hörte ich zu spät davon. Und weil ich meine Sünden nicht ungeschehen machen kann, versuche ich sie zu vergessen. Das klappt nicht durchgehend. Erinnerungen sind wie ungebetene Gäste. Mehr noch, wie freche. Sie benutzen nicht mal das Gästezimmer, sondern legen sich zu mir ins Bett und gehen auch mit mir auf die Toilette. Hatte ich sie vergessen oder nur verdrängt? Das ist durchaus ein Unterschied. Das große Vergessen ist ein Sumpf, der die Vergangenheit für immer verschlingt. Die Verdrängung kommt mir dagegen wie ein morscher Bretterzaun vor, hinter dem die Zombies toben. Immer wieder kriegen sie eine Hand durch die Lücken, eine Zunge durch die Löchlein, ihren Atem durch die Ritzen. Natürlich gibt es solche und solche. Große und kleine. Bei der Erinnerung an meine Erzsünden dreht sich mir der Magen um, meine sekundären Untaten wirken wie ein leichter Stromschlag, und dann gibt es ja auch noch Fehlverhalten, die streng genommen keine Sünden waren, sondern Peinlichkeiten. Bei denen schüttelt mich der Ekel, wenn sie es durch den Zaun schaffen. Und wenn ich schon beim Klassifizieren bin: Man kann sich an anderen versündigen und an sich selbst. Letztere sind die verpassten Chancen. Und sie schmerzen merkwürdigerweise genauso wie meine Lieblosigkeiten anderen gegenüber.

Wenn Sterbende gefragt werden, was sie am meisten bereuen, hört man viel zu oft die Klage, dass sie dies und das nicht getan haben, obwohl sie es tun wollten. Weil sie zu ängstlich waren, weil sie auf andere hörten oder weil sie ihre Wünsche der Zukunft anvertrauten. »Morgen ist auch noch ein Tag« ist ein gefährliches Sprichwort. Verpasste Chancen, manchmal sogar ein verpasstes Leben und immer verpasste Frauen resultieren daraus. Die Nicht-Puderung meiner Facebook-Freundin in Zürich wurde ja bereits verhandelt, und die Begnadigung, die Jesus für diese Missetat beantragte, würde er auch für kapitalere Sünden dem Richter vortragen. Er hat keine anderen Argumente.

Der Richter bin ich. Nur ich muss mir vergeben. Meine Opfer können tausendmal sagen: »Ey, Alter, Schwamm drüber«, und so, aber es nützt mir nichts. Wenn ich mir nicht verzeihen kann, dann kann ich mich auch nicht lieben, und wenn ich mich nicht lieben kann, wen dann? Um nur eines der Probleme dabei zu benennen. Um zu verzeihen, muss man verstehen. Auweia, das wäre schon das nächste Problem. Denn dafür müsste ich den Zaun ein Brett weit öffnen und die Zombies ins Haus bitten. Kommt herein. Lasst uns reden.

Auf keinen Fall.

Und schon gar nicht öffentlich. Ein Buch als Beichtstuhl ist nicht mein Ding, obschon ich weiß, dass der Leser nichts dagegen hätte. Und noch weniger die Leserin. Die habens gern schmutzig. Wer nicht? Wühlen wir nicht alle gerne im Fehlverhalten der anderen, um unser eigenes zu übersehen? Doch seis drum, und vielleicht auch um weitere Begehrlichkeiten nach schamlosen Offenheiten ein für alle Mal auszubremsen, lass ich mal einen Zombie raus, keinen von den schweren Jungs, eher einen von der Kategorie leichter Stromschlag, schwerer Ekel. Ich wollte von dieser Erinnerung nie erzählen, niemandem, weder mir noch irgendwem, obwohl sie erzählenswert ist. Alle Extreme schreien nach Berichterstattung. Aber auch alle Exkremente?

Es geschah im Schwarzwald. So vor zehn Jahren. Ich hatte eine Lesung in der Stadtbibliothek gegeben und wachte am nächsten Morgen in dem kleinen Zimmer einer atmosphärisch toten, aber ansonsten putzsauberen Pension auf. Die Wirtin, über die man dasselbe wie über ihr Haus sagen könnte, empfing mich im Frühstücksraum. Ich war hier entweder der erste oder der letzte Gast oder, auch möglich, überhaupt der einzige an diesem Tag. Mein Tisch war gedeckt, die Wirtin schenkte mir Kaffee ein, dann verließ sie den Raum und ließ mich allein. Kaum war sie weg, erlaubte ich mir, ein paar Winde fahren zu lassen, um einen Druckausgleich zu schaffen, denn irgendwas verkrampfte sich grad. Das klappte nur bedingt. Zwar löste sich die Verkrampfung auf, aber nicht kontrolliert, sie explodierte, und statt der Winde brach ein Sturm aus mir heraus, der allerlei mit sich führte. Ein *shitstorm classic*, wenn man so will. Schockschwerenot! Ich sprang auf, um zu sehen, ob ich über meine Hose hinaus noch mehr versaut hatte. Und was ich sah, ließ mich wünschen, auf der Stelle im Boden des Frühstücksraums zu versinken, tief und immer tiefer, meinetwegen bis China.

Wenn der unangekündigte Durchfall wie ein Blitzkrieg zuschlägt, ist das Schicksal, und für das Schicksal muss man sich nicht schämen.

Nur was ich daraus machte, wurde zur Zombie-Erinnerung. Ich griff zur Papierserviette. Dabei wäre es so einfach gewesen. Die Wirtin rufen, sie aber schon in der Tür stoppen, um mit gebotenem Abstand kundzugeben, dass ein überaus peinliches Malheur passiert sei und ich darauf bestünde, es selbst zu bereinigen, sobald ich kurz geduscht und mich frisch eingekleidet habe. Sie möge doch bitte in der Zwischenzeit das Putzzeug bereitstellen. So macht man das. Und nicht mit einer hauchdünnen Papierserviette, die rein gar nichts verbesserte, sondern nur verschmierte, unter anderem jetzt auch meine Hand. Ein Wettrennen bekloppter Gedanken nahm seinen Lauf. Mindestens eine Rolle Toilettenpapier wird hier gebraucht, besser wären zwei, die müssen in meinem Bad zu finden sein. Ebenfalls im Bad vermutete ich einen dieser kleinen weißen Abfalleimer für Präservative und Tampons. Den fülle ich mit heißem Wasser auf, und als Putzlappen nehme ich eines meiner Handtücher. Und damit niemand, der während meiner Abwesenheit den Frühstücksraum betritt, sich unnötig ekeln musste, drehte ich das Sitzpolster des Grauens auf meinem Stuhl einfach um.

Und weg war ich.

Kaum im Bad angelangt, kündigte mein Darm weitere Explosionen an, das nagelte mich nicht nur zu lang auf dem Klo fest, sondern kostete auch zu viel von dem letzten Rest Toilettenpapier, das ich statt der erhofften zwei vollen Rollen vorfand. Und von dem erhofften Tamponeimerchen war überhaupt nichts vorzufinden. Des Weiteren verlor ich wertvolle Zeit nach dem Duschen auf der so vergeblichen wie panischen Suche nach einem Alternativeimerchen in der Nähe meines Bettes, trotzdem kehrte ich nicht mit leeren Händen in den Frühstücksraum zurück, denn einer inneren Stimme folgend, hatte ich mein Gepäck schon mal mitgenommen.

Die innere Stimme hat immer recht.

Mein Tisch, mein Stuhl und alles drum herum sowie der gesamte Fußboden des Raums war mittlerweile wieder blitzsauber, Geruchsneutralisierer kümmerten sich um den Luftraum darüber, und die Wirtin saß mit verschränkten Armen und starrem Blick neben der Tür, auf die ich unverzüglich zustrebte, denn frühstücken wollte ich nun nicht mehr. Der starre Blick der geschockten Schwäbin galt nicht mir. Sie starrte an mir vorbei, wie es Menschen tun, die mich keines Blickes mehr würdigen wollen.

End of story, aber unvergessen. Seit zehn Jahren suchte mich die Erinnerung daran zwar nicht oft, aber immer mal wieder wie ein leichter Stromschlag heim, und es schüttelte mich vor Scham. Nun nicht mehr. Nun ist es heraus. Danke schön, lieber Leser! Nun schüttelt es dich. Aber das muss es nicht. Alles wird gut, wenn man die Dinge zu Ende denkt. Hab ich gestern Nacht gemacht. Endlich mal. Stichwort Goethe. *Faust*. Das Böse, das immer Gutes schafft oder so. Denn wie ist das alles für die Wirtin rübergekommen? Was wird sie an diesem Tag jedem erzählen und bis ans Ende ihres Lebens jedem, der Geschichten über Pensionsgäste von ihr hören will? Dass dieses Schwein, das vorgab, ein Schriftsteller zu sein, nicht nur den Frühstückstisch mit der Toilette verwechselte, sondern noch dazu die Schweinerei auf seinem Stuhl mit dem Polster abdeckte, damit sich getrost ein anderer Gast draufsetzen kann? Genau das wird sie jedem erzählen und natürlich auch den Angestellten der Stadtbibliothek, die das Schwein bei ihr einquartiert hatten. Nein, sie nimmt keine Schriftsteller mehr. Und wohin wird das führen? In eine gerechtere Welt. Die sparsamen Schwaben des Literaturvereins müssen in Zukunft für ihre lesenden Autoren dann doch das einzige richtige Hotel im Ort buchen, obwohl es vier Sterne hat. Und was bedeutet das? Ein Geschehen, für das ich mich zehn Jahre lang schämte, haben andere seit zehn Jahren bejubelt. Ich habe Gutes für meine Kollegen getan und damit Gutes für die Literatur, und diese Erkenntnis hilft mir nicht nur bei den kleinen und großen Peinlichkeiten meines Lebens, auch die fetten, furchtbaren, meine Seele quälenden Erinnerungen an meine Erzvergehen gegen die Liebe verlieren so ein bisschen an Schrecken.

Analog zu der Erfahrung, dass alle den Verrat lieben, aber niemand den Verräter, stimmt jedoch auch, dass zwar alle das Gute lieben, aber niemand liebt das Böse, das das Gute erschuf. Ich auch nicht. Obwohl es hilfreich wäre, wenn ich meine dunklen Seiten nicht länger hassen würde. Ich muss sie ja nicht gleich lieben. Aber wie wärs mit akzeptieren? Sie sind ein Teil von mir. Die Selbstsucht, die Gier, die Feigheit gehören zu mir wie der Mut, die Entsagung und die vielleicht zu hohe Empathiefähigkeit. Meine Engel, meine Teufel, meine Dämonen, das alles bin ich, und sie werden nie miteinander Frieden schließen, das ist schon klar, aber was ist mit dem Ich darüber? Dem Ich, das das Treiben seiner Unter-Ichs beobachtet? Schau, da warst du böse, schau, da warst du gut, und schau, da warst du einfach nur bescheuert. Dem beobachtenden Ich sollte es im Umgang mit seinen Unter-Ichs und deren Schuldigkeiten eigentlich möglich sein, dem Antrag des Anwalts aller Sünder Folge zu leisten: »Herr, vergib ihnen, denn sie wissen nicht, was sie tun.«

21. KAPITEL

Friede sei mit dir

Was nützt mir mein Frieden, wenn die Nachbarn Rabatz machen. Fast acht Milliarden Nachbarn insgesamt. Rabatz gegen Links, Rabatz gegen Rechts, Rabatz gegen Alt, Rabatz gegen Jung, Rabatz gegen Frauen, Rabatz gegen Männer, Rabatz gegen Rabatz. Jeder gegen jeden, und alle gegen mich. Rabatz, Rabatz, Rabatz!

Was nützt mir mein Frieden dann?

Und was nützt er mir, wenn mich schon beim Frühstück das klassische »Alles Scheiße«-Gesicht meiner Liebsten empfängt? Und sie dieses Gesicht einfach beibehält, weil es ihr so gut gefällt. Die Frage ist nicht nur rhetorisch, sondern auch ganz allgemein gestellt, denn wenn ich hier konkret weiter Ross und Reiter nennen würde, gäbe es a) alsbald Probleme mit dem Persönlichkeitsrecht und b) noch mehr Rabatz. Was mich nicht umbringt, macht mich nur härter? Mag sein. Und dass ein Frieden, der selbst in den Schützengräben einer Beziehung nicht untergeht, auch für den Rest der Welt unknackbar wäre, mag auch sein. Sicher dagegen ist: Ich bin nicht Mahatma Gandhi. Der gewaltlose Widerstand will mir einfach nicht gelingen, das Schweigen der Weisen eigentlich auch nicht sonderlich. Wenn ich den Mund halte, damit nicht ein Wort das andere ergibt, mag das am Tisch deeskalierend wirken, im Magen nicht. Der dreht sich um, und wenn er sich ausgedreht hat, ist er verknotet. Frieden geht, vermute ich, anders.

Konstruktives Streiten?

Was immer das ist, das war es heute nicht. Und jetzt liegt sie im Bett, und ich bereue meine Worte. Hat sie auch ihre bereut, bevor sie eingeschlafen ist? Wenn nicht, geht morgen der Rabatz weiter. Mir bleibt die Nacht. Die bleibt mir immer. Darum liebe ich sie. Die Nacht ist eine rabatzarme Zeit, und ich will sie nicht verschlafen.

Neuer Tag, neues Wissen. Ein Freund hat mir erzählt, wie konstruktives Streiten geht. 1. Nicht länger als eineinhalb Stunden. 2. Jeder hat die gleiche Redezeit. 3. Keiner sagt DU! Es geht nicht um Schuldzuweisungen. Es geht ums Verstehen. Dafür reicht es, sich selbst zu erklären. Das ist der einzige Weg. Der Versuch, den anderen über seine Fehler zu belehren, wirkt dagegen kontraproduktiv. Wie eben. Und ein Frühstück endete in Tränen.

Spazieren gehen. Ich komme in den letzten Tagen häufig dazu. Und wie so oft bei diesen kleinen Fluchten in den (letzten?) Sommer traf ich auch heute zufällig auf F. Und nur der Zufall hat eine Botschaft, das steht schon mal fest. F. kam vom Joggen, wir gingen auf einen Kaffee. Das Beste an unseren Gesprächen ist, dass sie Problemlösungen bringen, ohne dass die Probleme angesprochen werden. Irgendwie verlaufen unsere Small-Talk-Themen immer synchron zu dem, was gerade meine Frage ist. Wir sprachen über Rainer Maria Rilke und Triest, und von dort war es nicht mehr weit bis Marokko und zu den Chamäleons in den Orangenbäumen eines Riads-Innenhofes. Faszinierende Tiere, mit denen ich eins wurde, als ich sie einmal unter dem Einfluss von Opium beobachten durfte. Die Einswerdung war so total, dass ich ihre Gedanken dachte und ihre Gedichte schrieb. Eins davon ist mir bis heute erinnerlich. Und ich trug es F. sogleich vor, sehr langsam vor, man muss es rezitieren, so wie man kurz vor dem Einschlafen spricht, quasi mit Sandmännchenstimme und lang auseinandergezogenen Worten.

»Baum ist Raum.

Blatt ist Bett.

Liebe ist Traum.

Mal da, mal weg.«

Des Chamäleons Weisheit gilt selbstverständlich auch für der Liebe Gegenteil. Auch Streit ist nur ein Traum. Beim Frühstück da, beim Abendessen wieder weg. Einfach so erhoben Lara und ich unsere Gläser und sprachen einen Toast aus: »Friede sei mit dir.« Und sollte es einmal nicht mehr so einfach sein, gibt es seit meinem Gespräch mit F., denn dabei ist er mir eingefallen, immer noch den Plan B. Man tut dem Streit was in den Tee. Also Opium sei mit dir, in diesem Fall.

Andere Frage.

Was nützt mir mein Frieden, wenn mich ein Virus nervt? Viel, solange es mich nicht erwischt. Autoren gehören zu den Privilegierten einer Pandemie, weil für sie ein Lockdown nur eine Schreibklausur ist und Homeoffice ein modernes Wort für des Dichters stilles Kämmerlein. Aber es gibt ja auch Reiseschriftsteller, und die nervt es durchaus, wenn alle Grenzen zu sind, überall die Quarantäne winkt und man unterwegs in den Masken anderer Länder liest statt in ihren Gesichtern. Keine Hotels, Ausgangssperren, Kontaktverbot, was nützt mir bei dem Zirkus mein Frieden, wie lange wird er sich halten, wann wird er verschwinden, und wie soll ich ihn wiederfinden? Reisen war für mich immer die zuverlässigste Möglichkeit, mit mir und der Welt in Einklang zu kommen. Außerdem war es auch immer die zuverlässigste Flucht vor Rabatz aller Art, solange man sich unterwegs vom World Wide Web fernhielt. Da gibts kein Entrinnen vor dem Rabatz, und wenn dann Rabatz in Hass umschlägt, Hass gegen Links, Hass gegen Rechts, Hass gegen Hass, was nie den Hass minimiert, sondern immer nur mehr Hass, Hass, Hass produziert, dann rette sich, wer kann. Hass ist tausendmal infektiöser als jede Coronamutation. Warum nur sind die *social media* zu *social assholes* geworden? Warum ist Facebook kein Peacebook? Und was kann ich tun, um das zu ändern?

1. Nie betrunken posten.
2. Nie posten, wenn ich schon was getrunken hab.
3. Mich auf Safari-Videos konzentrieren.

Shitstorm ist der Durchfall des Internets, aber die Serengeti bleibt davon unbefleckt. Löwen schmusen mit Menschen, Elefanten rüsseln durchs Seitenfenster, Affen grimassieren allerliebst. Das geht immer. Natürlich gibts auch Mord und Totschlag. Krokodile beißen Wasserbüffel, Hyänen hängen an Giraffenbeinen, und alle fürchten Warzenschweine, aber keiner meint es persönlich, alle machen nur ihren Job für das ökologische Gleichgewicht von Mutter Natur.

Einmal sah ich ein Häschen, an das sich ein hungriger Jaguar anschlich. Nach diesem Video wusste ich, dass ich nie wieder irgendwo in der freien Wildnis entspannt werde pinkeln können. Von einer Großkatze im Anschleichmodus sieht man nichts, hört man nichts, fühlt man nichts, kurz, ahnt man nichts, weil der Jaguar das wirklich gut kann. Immer nur ein paar Samtpfoten weiter durch das hohe Savannengras in Richtung Häschen, in Richtung Unschuld, in Richtung Gottes süßester Vegetarier auf Erden und dann wieder innehalten, aber keineswegs pausieren, die Bestie platzt fast in ihrer Langsamkeit, und ihre Augen glühen. Das Häschen mümmelt derweil vor sich hin und schaut in die andere Richtung. Könnte man es warnen, würde ich es sofort tun, so süß ist es. Und der Jaguar schleicht sich näher ran, näher und näher. Das Häschen hebt den Kopf und stellt das Mümmeln ein. Spürt es die Gefahr? Sieht nicht so aus. Es mümmelt weiter. Aber als der Jaguar endlich in die Puschen kommt und mit einem Sprung vor Ort eintrifft, verblüfft ihn des Häschens Hüpftechnik. Es katapultiert sich nach rechts raus und schaltet dann für den weiteren Fluchtverlauf ins Hakenschlagen um. Ein guter Jaguar kennt seine Grenzen. Er ist nur schneller geradeaus und gibt sofort auf. Happy End in der Wildnis schafft Frieden im World Wide Web.

Aber wie geht Happy End im weltweiten Wahnsinnsverkehr? Und Happy End für wen? Das müsste man als Erstes diskutieren, denn da herrscht ein heilloses Durcheinander. Schon ich allein habe drei Verkehrsteilnehmer in mir, die miteinander verfehdet sind. Als Fußgänger betrachte ich jeden Fahrradfahrer auf dem Bürgersteig als natürlichen Feind, aber wenn ich selbst Fahrrad fahre, nervt mich jeder Fußgänger, der sich darüber beschwert. Das Einzige, was sie eint, ist ihr Hass auf den Autofahrer, aber der ist ja auch in mir, und wenn er grad in Papas Benz sitzt und ihn ein Fahrradfahrer oder Fußgänger provoziert, fährt der Mittelfinger aus. Wenn ich nur ein klein bisschen cleverer wäre, wüsste ich, dass ich mir grad selbst den Fick-dich-Finger zeige, nur ein bisschen zeitversetzt. Dasselbe gilt für den Krieg in der reinen Automobilisten-Welt. Auch deren Archetypen sind allesamt ein Teil von mir. Das Arschloch, das mir in der Dunkelheit mit Fernlicht entgegenkommt. Das bin auch ich manchmal. Der Penner, der noch langsamer als ich fährt. Ist mir auch schon passiert. Der Wichser, der mich nicht die Spur wechseln lässt, der Asoziale, der auf der Fahrbahn parkt, der Drängler, der zu nah auffährt, der Überhöfliche, hinter dem es nicht weitergeht, weil er, nach Liebe hechelnd, allen vor ihm die Vorfahrt gibt, der Mailchecker, der nicht mitkriegt, wenn die Ampel auf Grün umspringt, der Nicht-Blinker, der Sonntagsfahrer, der Rächer der Rentner, das bin alles auch ich. Alle Archetypen des nervenden Autofahrers sind durch Raum und Zeit verstreute Identitäten meines Ichs, sogar die Frau am Steuer. Zu der werde ich auf Frauenparkplätzen.

Also Friede sei mit allen, die so sind wie ich. Friede sei mit dir in mir.

22. KAPITEL

Und wie wird das Wetter?
oder Gelateria Fantasia?

Sechzig Jahre lang hatte ich gutes Wetter. Richtig angezogen, gab es keinen Grund zur Klage, es sei denn im November. Jenseits des Äquators aber war auch der erträglich. Doch ich hörte bereits in den Siebzigerjahren, dass sich das ändern wird. Der Club of Rome prophezeite den Weltuntergang, stufenweise ab 2020. Behält er recht? Sieben Monate vor meinem siebzigsten Geburtstag brennt Südeuropa, während im Norden der Starkregen Dörfer wegschwemmt und der Hagel nicht mehr in Körnern, sondern in Brocken runterkommt. Den Kontinent zu wechseln, ist auch keine Option mehr, denn was bei uns die Superzellen sind, das sind anderswo Superhurrikans und Terrortornados. Nicht durchgehend. Es gibt Pausen. Und in denen ist es dann zu heiß. Spätestens ab 35 Grad ist die Sonne nicht mehr mein Freund. 49 Grad, wie neulich in Sizilien? In Kanada (50 Grad) haben sie vorgemacht, wie man das überlebt. Von morgens bis abends Eiswürfel lutschen, einen nach dem anderen, und zwischendurch in Windeseile was essen? Oder was rauchen? Cannabis ist legal in Kanada.

Warum mache ich mir eigentlich noch über irgendetwas anderes Gedanken als über das Wetter? Geld, Liebe, Tod? Nicht mal mich interessiert mein individuelles Ende noch sonderlich, wenn das kollektive droht. Sterben ist etwas anderes als aussterben. Bei dem nichts mehr weitergeht. Weder Gene noch Systeme haben eine Perspektive, wenn das Ende aller Stammbäume naht. Die Wissenschaft und die schönen Künste, die Heldentaten und die Wunderwerke verlieren ihre Chance auf Unsterblichkeit, jeglicher Fortschritt, jede Reform, jede Revolution, ja sogar die Evolution, alles wäre für die Katz gewesen, wenn uns der Planet den Krieg erklärt und ihn gewinnt.

Wird er ihn gewinnen? Ich bin nicht das Orakel von Delphi, und ich bin kein Wissenschaftler. Ich bin nicht mal ein Wissenschaftsjournalist. Was bin ich dann? Eine Meinung? Wen kümmerts, wenn ich meine, wir schaffen das? Und wen kümmerts, wenn ich meine, wir schaffen das nicht? Ich glaube, das kümmert nicht mal mich. Ich will Fakten. Und Fakt ist derzeit: Es ist noch nicht so weit.

Noch gehe ich jeden Tag durch die Stadt spazieren und gönne mir eine Kugel Eis. Heute sogar einen ganzen Becher. Erhitzte Himbeeren ergossen sich über einem gefühlten Pfund Sahne und dem Vanilleeis. Eine Orgie in aller Öffentlichkeit, mitten auf der Einkaufsstraße. Es fiel aber nicht weiter auf, weil alle dasselbe taten. Eis schlecken und shoppen. Ich shoppe nicht gern, aber die Klimaanlagen haben mir gefallen.

Später kam ich auf dem Weg zur U-Bahn an einem Informationsstand von Veganern vorbei. Von einem Plakat sah mich eine dumme Kuh an. Darunter stand: »Es ist nicht deine Milch.« Ja, das stimmt. Aber darum geht es ja auch nicht primär. Die umstrittenen Eigentumsverhältnisse zwischen Menschen und Kühen sind zwar ein Problem, aber ihr Furzen ist ein weitaus größeres. Es gibt eine Milliarde Rinder auf diesem Planeten, und sie lassen Winde wehen, die Methan in sich tragen. Die Viehwirtschaft ist für einen unglaublich hohen Anteil der Treibhausgase verantwortlich. Würde die Menschheit auf Rindfleisch und Milchprodukte verzichten und damit heute beginnen, wäre sie morgen gerettet, ich weiß. Aber ich weiß auch, ich mag kein veganes Eis.

Wann reagiere ich auf tödliche Gefahren? Eigentlich immer. Die Frage ist, wie ich auf sie reagiere. Ein bisschen oder total? Mit »Heißer Liebe«, so hieß mein Eisbecher, oder mit Adrenalin? Die Distanz macht den Unterschied. Nur wenn die Schockschwerenot direkt vor der Tür steht, gibt das Gehirn den Stoff frei, den Mutter Natur mir als letzten Joker mitgegeben hat. Das Hormon für den Härtefall schafft tausend Prozent Konzentration und die Bündelung aller Fähigkeiten bei Alarmstufe Rot. *Victoria o muerte*, Sieg oder Tod. So tickt Adrenalin. Ein Eisbecher tickt anders.

Noch zehn Jahre? Noch fünfzehn? Vielleicht sogar noch zwanzig? Wann wird das Meer, wie es der Club of Rome vorausberechnet hat, die Küsten aller Kontinente fressen und in Südeuropa die Sahara einziehen? Oder wann wird, auch das kann sein, wenn der Golfstrom versiegt, das gegenteilige Extrem wahr? Die neue Eiszeit in Wien. Apropos. Ich werde nicht müde, Nostradamus zu zitieren, der prophezeite, dass am Weltenende Wien die letzte Stadt sein wird, die noch steht. Wann immer ein Mensch Blödsinn erzählen will, kann er sich auf Nostradamus berufen, schon klar, dafür hat der Meister selbst gesorgt, indem er seine Prophezeiungen immer ein bisschen nebulös niederschrieb. Er war Apotheker, arbeitete als Arzt und Astrologe in Personalunion, und je älter er wurde, desto mehr quälte ihn die Gicht. Als Mediziner hatte er sicherlich Zugriff auf Opium, als Sterndeuter auf die Zukunft, und wenn beides sich mischt, kommt halt das heraus, was Nostradamus »nebelhafte Bilder« nannte. Obacht! Das ist meine These. Und ich habe mir nicht die geringste Mühe gemacht, sie zu belegen. Besser ist es, das Original zu befragen. Nostradamus schrieb: »Ich habe begriffen, dass die Menschen am ehesten bereit sind, sich für etwas zu interessieren, wenn man es ihnen geheimnisvoll vorlegt.« Das hat er prima hingekriegt. Darum glauben so viele daran. Und dass sein Name fünfhundert Jahre überlebt hat und er für die Prophezeiung an und für sich im Buch der Menschheit steht, sagt ja auch einiges. Wenn Nostradamus ein Spinner gewesen ist, dann war er ein großer, ein ganz großer, und ich liebe große Spinner, darum gebe ich ihm hier so viel Raum. Er hat seine prophetischen Gedichte verschlüsselt. Altfranzösisch, Wort-Neuschöpfungen, Latein. Entschlüsselt man sie, wie seine Anhänger das tun, dann hat Nostradamus unter anderem – und auch nur, was die

Neuzeit angeht – bereits vor einem halben Jahrtausend Hitler, die Mondlandung, den Angriff auf das World Trade Center 9/11 und Corona vorausgesagt. »Es wird ein Zwillingsjahr geben, in dem eine Königin aus dem Osten kommen und in der Dunkelheit eine Pest auf dem Land verbreiten wird.« So weit das Original. In der Entschlüsselung der Entschlüssler wird aus dem Zwillingsjahr das Jahr 2020, die Königin heißt Corona, und der Osten wird mit China präzisiert. So kann man es natürlich machen, wenn einen die Langeweile quält, und so bleibt Wien auch Wien, bis nichts mehr geht. Und? Wäre das ein Grund, in die Stadt zu ziehen, die als Letztes fällt?

Wie lebt man eigentlich in einer Stadt ohne den Rest der Welt? Gibts dann noch Supermärkte? Gibts dann noch Geld? Oder gibt es nur noch Leute, die Waffen und Konserven gehortet haben, und Leute, die hungrig sind? Werden wir in Wohnungen, die zu Burgen umgerüstet sind, unsere Pudel in die Pfanne hauen müssen? Faszinierende Fragen, faszinierende Zukunft. Aber Science-Fiction wurde noch nie Realität, selbst *Blade Runner* lag daneben, *Perry Rhodan* sowieso, und der Science-Fiction-Anteil in der modernen Wissenschaft liegt in deren Unfähigkeit oder auch Unwillen, die Kreativität des Menschen in ihre Berechnungen mit einzubeziehen, weil sie eben so furchtbar unberechenbar ist. Der Faktor X. Der Erfindergeist. Das Genie. Die Kombination von Intelligenz und Adrenalin hat von der Erfindung des Rads bis zur Erfindung der Webcam-Hurerei bereits so viele unlösbare Probleme gelöst, dass es schon fahrlässig ist, sie nicht in die Klimaprognosen mit einzubeziehen. Fahrlässig hin, fahrlässig her, die Wissenschaft kann das einfach nicht. Das kann nur der Generalist.

Bei nur 33 Grad in Wien und mittendrin im Comeback der Hotpants, schlage ich deshalb den Kuh-Aktivisten vor, das Problem nicht mit Verzicht, sondern kreativ anzugehen.

Statt Beethovens Neunte umzutexten und »Alle Menschen werden Veganer« zu singen, züchten wir in unseren fabelhaften Genlaboren Kühe, die nicht mehr furzen. Und trotzdem glücklich sind.

Ich kann mir solche Witze leisten, weil ich Vegetarier bin. Schon als Kind tat mir das liebe Vieh, das liebe Schwein, das liebe Geflügel, ja sogar der liebe Fisch so leid, dass ich nichts davon anrührte, wenn es auf unserem Mittagstisch landete. In den Fünfzigerjahren war ein Braten durchaus noch als das Tier erkennbar, mit dem ich auf dem Hof meiner Großeltern gespielt hatte. Sie waren keine Bauern, aber sie hatten für den Eigenbedarf Hühner, Gänse und ein paar Schweine. Und jedes Sensibelchen, das einmal sieht, wie eine Sau, an den Hinterbeinen aufgehängt, von zwei Männern mit riesigen Messern abgestochen wird, und einmal hört, wie die Sau dabei quiekt, verliert auf der Stelle den Appetit auf Fleisch. Darum sieht es ja keiner mehr. Zigarettenpackungen sind mittlerweile mit den Horror-Fotos zerstörter Lungen verziert. Warum werden die Fleischabteilungen der Supermärkte nicht mit den Albträumen der Schlachthöfe tapeziert? Warum sieht man dort keine Videos, die in Dauerschleife zeigen, wie die Industrie mit Tieren umgeht? Ich hab mal eins im Internet gesehen. Zufällig, bewusst tue ich mir das nicht an.

Ein Kalb, das auf einem Fließband daherkommt, wird von einer Motorsäge empfangen. Der Schlachter sägt ab, wie es ihm gefällt. Zuerst das rechte Vorderbein. Das Kalb fällt, das Blut spritzt, die Motorsäge singt sich durch die sein Fleisch, seine Muskeln, seine Knochen, und das Tier lebt immer noch. Nein, das geht so nicht. Das können wir nicht machen, auch wenn wir die Krone der Schöpfung sind. Darum bin ich Vegetarier, aber einem doofen Huhn das Ei zu klauen, hat mir nie was ausgemacht. Dasselbe gilt für Milchprodukte. Wann immer ich durch die Lande fahre, sehe ich glückliche Kühe auf grünen Wiesen mit einer lustigen Glocke um ihren Hals, damit der Bauer sie findet, wenn sie sich verirren. Offenes Gelände, sichere Ställe, warme Hände melken mir die »Heiße Liebe« in den Eisbecher. Nein, ich wollte nie ein Veganer sein.

Und werds vielleicht doch einmal, wenn ich die Zahlen sacken lasse. Nicht nur das Furzen der Kühe produziert Treibhausgase, auch die Beschaffung ihres Futters, dessen Anbauflächen sich in den Amazonas fressen, außerdem müssen eine Milliarde Rinder auch irgendwo rumstehen, dafür fällt überall der Wald, und die Aufgabe der Bäume war es seit jeher, die bösen Gase zu binden. Das eine greift in das andere, es ist ein komplexes System, und der zentrale Fehler liegt in der Überpopulation von Rind und Mensch. Fast acht Milliarden Menschen brauchen eine Milliarde Rinder, von denen jährlich 300 Millionen geschlachtet werden, und die Überlebenden geben ihre Milch. Jeden Tag rund dreißig Liter, jedes Jahr zehntausend Liter pro Kuh, summa summarum sind das

Milchozeane, und ein Liter davon setzt vom Amazonas bis zum Euter und von dort bis zum Endverbraucher 2,4 Kilogramm CO_2 frei. Soll ich weiterrechnen, oder reicht das? Die Milchwirtschaft zählt zu den Big Playern der Klimaerwärmung, und jeder hätte Verständnis dafür, wenn ich zum Veganer würde, sobald ich das nächste Mal zum Kühlschrank gehe, aber jeder verstände auch, wenn ich das nicht tue, weil das Mövenpick Sahneeis so lecker ist, so wie jeder oder fast jeder versteht, dass ich Papas Benz weiter durch die Gegend dieseln lasse und für jeden Scheiß im Internet jede Menge Strom verbrauche. Es ist schön, wenn man für sein Fehlverhalten rundum auf Verständnis trifft, weil es menschlich ist. Und genau das ist das Problem. Ich bin nicht das einzige Weichei, der Planet ist voll von uns. Der Mensch ist schwach, das Ego ist stark, und die Industrie ist schwerfällig. Wer schafft es, in Windeseile acht Milliarden Menschen umzuerziehen? Schaffen das die Medien? Schafft das die Demokratie? Oder brauchts dafür Diktaturen?

Zurück in die Zukunft. Bei *Perry Rhodan* ging das so: Die Science-Fiction-Groschenromanserie meiner Kindheit datierte die erste Mondlandung zwar zu spät, die Wirklichkeit kam der Vision um zwei Jahre zuvor, dafür fand Perry Rhodan aber dort nicht mehr oder weniger nichts wie die richtigen Astronauten, sondern das Raumschiff einer technisch unfassbar überlegenen außerirdischen Ethnie, der Arkoniden, von denen ein paar Exemplare in dem Schiff weilten. Perry Rhodan freundete sich mit ihnen an, und gemeinsam machten sie sich die Erde untertan, um sie zu retten. Das war leicht. Gegen den Energie-Schutzschirm des Raumschiffes hatte keine irdische Nuklearbombe etwas zu melden, aber gegen die Wunderwaffen der Arkoniden war auf unserem Planeten kein Kraut gewachsen. In null Komma nichts einigten sich die Weltmächte auf eine Weltregierung mit Perry Rhodan als Diktator an der Spitze, und weil er ein guter Diktator war, eroberte die Menschheit im Folgenden das Weltall bis weit über den Andromeda-Nebel hinaus.

Es wurde nichts draus. Perry Rhodans Autoren irrten. Wir fanden auf dem Mond nur Staub. Vielleicht finden wir ja was auf dem Mars. Die NASA plant die Kolonialisierung unseres Nachbarplaneten ab 2050. Wie wird dort die Sonne auf- und untergehen? Das werde ich nicht mehr erleben, aber das ist okay. Ich habe sechzig Jahre gutes Wetter gehabt, sechzig Jahre lebte ich in einer Welt, in der nach dem Erblühen des Frühlings die Leichtigkeit des Sommers kam, der Herbst war ein großer Maler, und im Winter übernahm Schneewittchen.

Es war schön.